Her mit der Leichtigkeit des Seins!

Kurz aber knackig zu mehr
Leidenschaft im Leben

mit Schauspielerin und Coach
Susanne Wilhelmina

Illustriert von Liliane Adamek

Über die Autorin

Susanne Wilhelmina ist Schauspielerin und Coach. Sie brilliert vor allem durch ihre lebendige, humorvolle Art, mit der sie es schafft komplexe Vorgänge in Leichtigkeit zu transferieren. Das macht sie als Dozentin und Referentin unverwechselbar und begehrt.

Susanne Wilhelmina ist verheiratet, Mutter und lebt in Dortmund.

Dieses Buch widme ich meinem
Vater Wilhelm.

100.000 Küsse in den Himmel!

Einleitung

Was wir im Grunde alle wollen ist durchatmen und fühlen, dass das sogenannte JETZT gut ist, so wie es ist...

Wir wollen dieses satte Gefühl von Unbeschwertheit und Angekommen sein in jeder Zelle unseres Körpers spüren und das inspirierende Kribbeln von Lebensfreude inhalieren!

Ja, das ist es, was wir suchen und vielleicht bereits in Ansätzen erleben konnten.

Herrlich...bliebe dieses Gefühl doch für immer!

Dieses Gefühl, welches sich in den strahlenden Augen von manch alten Menschen wiederfindet und unsere Hoffnung nährt, dass es doch Zufriedenheit und Erfüllung geben muss, selbst im hohen Alter im Angesicht der Endlichkeit dieses wunderbaren Lebens.

Doch ein kurzer Blick auf sämtliche Phasen des menschlichen Lebens reicht, um zu erkennen, dass uns viel zu oft dieses Wunderbare des Lebens gar nicht bewusst wird. Vor lauter Anforderungen des täglichen Daseins und schließlich auch der Kampf um Positionierung im gesellschaftlichen Ränkespiel, ist der Fokus der Wahrnehmungen eher auf andere Dinge gerichtet als auf das scheinbar banale Erkennen des puren SEINs.

So ist man als junger Mensch zwar in einer sogenannten Selbstfindungsphase, nimmt aber verstärkt die eigene Wirkung im Wechselspiel von nicht ganz Fisch und nicht ganz Fleisch wahr.

Das pulsierende Wahrnehmen des bloßen SEINs-Zustands geht in dieser Zeit eher in Schall und Rauch unter.

In der nächsten Phase steht dann vermehrt der Karriere-und Nestbau auf der Tagesordnung und mal ehrlich, wann sollte man dann an so eine profane Selbstverständlichkeit wie das pure SEIN nachdenken...?

Erst in den Midlifes wird den meisten Menschen durch das Miterleben des Altwerdens oder gar Sterbens der eigenen Eltern diese verdammte Endlichkeit des *Seins* bewusst und löst bei vielen genau das aus, was unter „Midlifecrisis" bekannt ist.

Der innere Druck steigt, das Leben zu ergreifen und genießen zu m ü s s e n, dieses sogenannte JETZT anzuhalten, die noch verbliebene Fitness und bereits leicht angegraute Jugendlichkeit aus-zu-leben und schließlich und endlich die eigene ERFÜLLUNG zu erreichen.

All dieses fördert die Umsätze der Fitness Schönheits- und Diäten-Branche und nicht zu vergessen das florierende Geschäft der Scheidungsanwälte und Psychotherapeuten!

Ein Hoch auf die Panikattacken der Midlife-Generation, auf das die Kassen weiter klingeln...!

Und dann? Was kommt dann?

Irgendwann ist auch die Wirkung von Botox und Co endlich, die jugendliche Geliebte älter geworden und der Vergleich mit der nächsten Generation zum größten Teil nicht mehr tragbar.

Natürlich gibt es auch von dieser „mittelalterlichen Perspektive“ aus noch Jüngere, denen man sich in Sachen Schönheit und Ausstrahlung überlegen fühlen kann...denn es gibt ja in jedem Alter Spezies, die schon immer alt und immer unattraktiv gewirkt haben...ABER ICH BITTE SIE, lieber Leser...Diese Vergleiche brauchen wir schon mal gar nicht!
Wir sollten uns eher fragen, wie es am Ende dieser Krise weitergehen soll.

Ab in die beige Einheitskluft der Popeline- und Alcantarageneration?

WIRKLICH?

Ich hätte da betreffend dieser Herausforderungen, und zwar sämtlicher Lebensphasen, eine echte Alternative!

Legen Sie ganz einfach den Schalter um! Egal, wo Sie gerade stehen in Ihrem Leben.

Knipsen Sie JETZT! Und Sie brauchen auch weder über LOS noch ins Gefängnis zu gehen! Und statt des Monopoly-Geldes erhalten Sie pro Kapitel eine neue Anregung, die Sie auf den Pfad der „Leichtigkeit des Seins“ führt.

Ziel dieses, nennen wir es mal „Buch-Coachings“, ist dass Sie sich bis zum Rand angefüllt mit Lebenslust, Intensität und Gelassenheit in der Gewissheit fühlen, ein selbstbestimmtes, bemerkenswertes, erfülltes Leben zu führen und den immer wieder kehrenden Gewohnheiten mit Humor und Gleichmut zu begegnen.
Denn ist es nicht das, was wir alle im tiefsten Inneren unseres Herzens wünschen? Tiefe Erfüllung zu

spüren und dem täglich grüßenden Murmeltier die Stirn zu bieten?

Wir möchten uns von unserer Arbeit nicht auffressen lassen, sondern unsere jugendlichen Ideale heraus kramen und die ebenso in dieser Epoche erwachsene Leichtigkeit wieder genießen können. Mehr noch: Wir wollen unsere Einzigartigkeit leben und die Hoffnung wieder neu nähren, dass alle nur auf uns und unsere Ideen warten. Wir wollen zurück zu dem START-Moment, an dem wir den Begriff *Scheitern* und *Alltag* noch nicht fühlen gelernt hatten und an dem ein Gang direkt in das bereits erwähnte Monopoly-Gefängnis noch mit der Ereigniskarte freigekauft werden konnte.

Kurz: Wir sind erwachsen, stecken mitten in unserem Alltagskarussell und fragen uns doch immer wieder, ob es nicht eine andere Möglichkeit gibt, sein Leben zu gestalten.

Und genau hier packt die Strategie dieses Buches den sogenannten Stier bei den Hörnern und versorgt Sie mit einer Vielfalt an Lösungsansätzen, Anwendungen und Gestaltungsvarianten.

Und das Ganze in kurzer und knackiger Form. Denn wer hat schon Lust, bei der Frage der Lebenslust länger als nötig in lesender Position zu verharren! Ich möchte Sie kitzeln, aus Ihrer Komfortzone aufzuspringen und neue, vielleicht Ihrem Wesen entsprechend, ursprüngliche Wege zu gehen. Ich möchte Sie motivieren und stärken, einfach loszulegen und Ihr ganz persönliches Sinnerfüllungs-Imperium mit aller Leidenschaft, die Ihnen eigen ist, aufzubauen und auszuleben. Ich möchte Sie durch die verschiedensten Themen und Ebenen führen und Sie mit Theorie ebenso wie mit praktischen Übungen anfüttern.

Sie werden vielleicht Lieblingsseiten haben, die bei mir in der altmodischen Papierform meistens an den zerknickten, abgegriffenen Eselsohren zu erkennen sind. Wellness-ähnliche Kapitel, von denen Sie sich besonders angesprochen fühlen und Kapitel, die Sie eher Familie Maier von nebenan empfehlen wollen. Ganz wie es Ihnen gefällt. Empfehlen Sie es oder tragen Sie es heimlich als Schatz bei sich…

Ich wünsche Ihnen viel Spaß und inneres Glucksen beim Lesen.

Und ich verrate Ihnen schon mal eines:

Wenn Sie etwas tun, was Sie erfüllt, flattern Schmetterlinge glucksend in Ihrem Bauch. Wie eine Verliebtheit! Und dann sind Sie verjüngt, glücklich, zufrieden und leicht!

So wie ich jetzt…während ich an Sie denke und schreibe!

1

Mit Vollgas zur ersten Etappe des guten Gefühls

Damit Sie direkt ganz schnell in ein super Gefühl kommen, möchte ich Sie mit einer der leichtesten und effektivsten Übungen zur Stimmungshebung vertraut machen. Ich verspreche Ihnen, Sie werden ES bereits in ca. 3 Minuten in einer ersten Wallung spüren…ES? Na, das gewisse Gefühl der Leichtigkeit des Seins!

Auch wenn Sie diese kleine Übung überall und immer machen können, bitte ich Sie, sich bei diesem ersten Mal kurz an einen Ort zurückzuziehen, an dem Sie für ein paar Minütchen ungestört sind.

So, und nun horchen Sie mal in sich. Wie ist Ihre Stimmung? Wie sind Sie gerade drauf? Legen Sie den Wert Ihrer Stimmung auf einer Skala zwischen 1 bis 10 fest.

Dann beginnen Sie bitte zu lächeln. Das heißt, Sie ziehen Ihre Mundwinkel so hoch wie möglich, egal ob Ihnen gerade danach ist oder nicht. Lesen Sie ruhig dabei weiter! Falls Sie sich bis zu diesem Zeitpunkt eigentlich eher schlecht gelaunt bis mittel gefühlt haben, kommt Ihnen Ihr Lächeln wahrscheinlich eher wie das Grimassenschneiden eines Gorillas vor… Aber wurscht (Was so viel heißt, wie „Egal“)! Einfach weitermachen und das Grinsen oder Lächeln so breit wie möglich halten. Ich werde Sie solange unterhalten und Ihnen erklären, was nun bei Ihnen und vor allen Dingen **in** Ihnen gerade passiert.

Sie setzen jetzt gerade einen chemischen Prozess in Gang, der durch Ihre Blutbahn in Windeseile weitergegeben wird.

Das Lächeln, welches ja erst einmal lediglich das Anspannen Ihres Muskelkorsetts ist, wie Mirsakarim Norbekov es in seinen „Eselsweisheiten" auf den Punkt bringt, signalisiert automatisch Ihrer körpereigenen Informationszentrale, dass gerade anscheinend etwas Tolles erlebt wurde, sonst würden Sie ja nicht Lächeln! Diese gibt die erfreuliche Botschaft gleich ungeprüft an das bis gerade noch ahnungslose emotionale Zentrum weiter, das sich daraufhin beeilt, brav seine Arbeit zu tun, die dann heißt, die Stimmung an das Muskelkorsett anzupassen. In diesem Falle also in Richtung positiv. Diese beglückenden Emotionen strömen nun vom Blut transportiert durch den ganzen Körper und erhellen so jede Zelle mit guter Laune.

Merken Sie es schon? Wird die anfängliche Gorilla-Grins-Maske vielleicht schon immer leichter und das Lächeln hält sich mittlerweile von allein? Oder spüren Sie bereits das erste glucksende Freudegefühl durch Ihren Körper rieseln?

So oder so. Es funktioniert immer!

Sie fragen sich, ob Ihr emotionales Zentrum wirklich so dumm ist, alles mitzumachen und sich so einfach ins sogenannte „Bockshorn" jagen lässt?

Und ich antworte Ihnen: Das ist die falsche Frage! Fragen Sie sich lieber, warum Sie das nicht schon viel früher gewusst und so Ihre Stimmung schon sehr viel häufiger beeinflusst haben!

Wenn Sie feststellen würden, dass Sie einen Park- oder Kaffeeautomaten mit einem kleineren Geldstück als verlangt erfolgreich füttern könnten und Sie so auch zu Ihrem Kaffee bzw. dem Einstellen der gewünschten Parkzeit kommen könnten, würden Sie dieses Wissen sehr wahrscheinlich auch nutzen und nicht erst hinterfragen.

Im Gegenteil! Sie würden sich diebisch freuen, diese „Schnäppchenmöglichkeit" entdeckt zu haben und – mal Hand aufs Herz – königlich ausnutzen! Also, verurteilen Sie gefälligst Ihr „dummes" emotionales Zentrum nicht, sondern nutzen Sie diese wunderbare Möglichkeit, Ihre Stimmung ganz unabhängig von äußeren Einflüssen zu heben und sich so dem angestrebten Zufriedenheitsgefühl näher zu bringen.

Sehen Sie das Wissen über diesen Vorgang einfach als Geheimtipp, der Sie nicht nur in eine bessere Stimmung versetzt, sondern auch noch schöner macht. Weil nichts so bezaubernd ist, wie strahlende Augen und eine positive Ausstrahlung!

TIPP:

- Morgens unter der Dusche hat man wunderbar Zeit, das „Grinsgesicht" zu praktizieren, um sich gleich zu Beginn des Tages in die richtige Stimmung einzunorden...

- ...oder auch beim Autofahren oder beim Gassi gehen mit Ihrem Hund.

- Vor schwierigen Begegnungen oder Gesprächen sollten Sie sich kurz auf die Toilette, oder wohin auch immer, zurückziehen und sich erst einmal „Einlächeln".

- Wenn Sie innerlich lächeln, sind Sie viel entspannter und strahlen diese Haltung automatisch auch auf andere aus.

- Lassen Sie Ihre Augen öfter bewusst „lächeln“. Es gibt Ihnen einen unwiderstehlichen Touch und geht innerhalb Ihres Körpers direkt an die Kommandozentrale Ihres emotionalen Zentrums mit dem Befehl:

Gut Draufsein! Attraktivität ausstrahlen!

2

Wenn die Anderen anders wären, wäre alles viel leichter!

Eins ist klar: Sie müssen davon ausgehen, dass DIE ANDEREN sich nicht auf Bestellung verändern und schon gar nicht dahin, wo Sie sie gerne hin haben wollen.

Zumindest liegt die Veränderung eines anderen Menschen nicht unmittelbarer in Ihrer Macht. Da nützen weder Verschwörungen, gute Wünsche noch irgendwelche netten Engelszungen...

Aber, was in Ihrer Macht liegt, sind Ihre Beurteilungen, Ihre Konsequenzen, die Sie ziehen (oder auch nicht ziehen) und Ihre Einstellung den ANDEREN gegenüber. Indem Sie diese innere Einstellung auf den Prüfstand stellen und gegebenenfalls verändern, können Sie die Beziehung und den Umgang mit Ihrer Umgebung beeinflussen.

Ein Beispiel:

Sagen wir mal, Sie haben eine unharmonische Beziehung zu einem Arbeitskollegen oder noch brisanter: zu Ihrem Partner. Anstatt sich in Kleinkram-Streitigkeiten zu verstricken und sich immer wieder aufs Neue in das Karussell der genervten Aufregung zu begeben, könnten Sie auch einmal eine neue Möglichkeit ausprobieren.

Wenn Sie, statt des Einsteigens in die gewohnte „Strickmuster" Karussellfahrt, einmal kurz innehalten und einen Platz außerhalb einnehmen würden und sich erst einmal auf Ihre eigenen vier Buchstaben konzentrieren

wie Sie dasitzen

wie Sie atmen

wie Sie sich anfühlen…

…wie unzufrieden und auch unvollkommen Sie sich manchmal fühlen.

Allerdings durchaus auch liebenswert, kreativ, voller Ideen und Plänen. Manchmal vielleicht etwas ungerecht und aufbrausend… Ab und zu mit Ängsten und Unwohlsein behaftet, aber dann auch wieder so liebevoll und humorvoll.

Wie Sie so dasitzen und atmen…

und ganz einfach SIE sind…in Wort, Tat und Reaktion mal gut und mal weniger gut.

Und nachdem Sie sich auf sich selbst besonnen haben, spüren Sie mal, dass Sie eine Wahl haben: Wollen Sie weiterhin dieses Karussell im gleichen Stil fahren, oder gibt es so aus der kleinen, selbst geschaffenen Distanz heraus andere Möglichkeiten und Lösungen, mit der Situation umzugehen?

Wollen Sie sich weiter ärgern? Was könnte die Situation entschärfen?

Vielleicht können Sie mit der oben beschriebenen Selbstwahrnehmungseinheit für einen Moment die

Emotionen aus der Situation herausnehmen und dadurch Platz für Ihre eigenen Wünsche und Bedürfnisse machen.
Ich gebe zu, bei Partnerquerelen ist das schwieriger, als bei der Variante mit Arbeitskollegen. Aber auch da ist immer der ERSTE-HILFE-Gedanke:
"Back to my basement" Was Fragen beinhaltet wie:

Was will ICH eigentlich?

Wie kann ich das erlangen?

Will ich es zulassen, mich so oder auch SO behandeln zu lassen?

Wie weit bin ich bereit, von meinen Interessen und Leidenschaften abzuweichen, und fühle mich trotzdem noch wohl? Oder sind die Kompromisse so gelagert, dass ich eigentlich einen Teil von mir verschütten muss? (In diesem Fall kann ich Ihnen sagen, wird sich Ihr Verbiegungsversuch früher oder später rächen und sich mit innerer Wut, Traurigkeit oder Unruhe bemerkbar machen!)

Oder trifft hier der Umstand zu, dass der/die Andere vielleicht ein Problem hat, das sich lediglich durch mich entlädt und mit meinem Verhalten nichts zu tun hat? In diesem letzten Fall sollte dieser besagte Andere sein Problem auch gerne selber behalten dürfen. Denn jedes Problem stellt ja schließlich eine Chance zur Weiterentwicklung dar. Und wollen Sie wirklich dem Anderen Chancen wegnehmen oder versauen? Zumindest wissen Sie, dass der Andere selbst einen Weg aus seinem Problem finden darf und seine Reaktionen nicht persönlich zu nehmen sind.

Mit diesen inneren Fragen lenken Sie Ihr Urteil **weg von** der sich immer wiederholenden Karussellfahrt, **hin zu** den eigenen Empfindungen und machen so eine stimmige Reaktion Ihrerseits möglich, die gegebenenfalls durch Abgrenzung oder in anderen Fällen auch durch Verständnis und Sanftmut Ihre Aufregung abfedert.

Ihre Stimmung inklusive Herz-Kreislaufsystem wird geschont und Sie sparen sich Ihre Energie für echte „Aufreger. In solchen Fällen aber wirklich hinaus damit! Mit Elan, Kraft und Lebensenergie! Für Dinge zu kämpfen, fühlt sich wunderbar lebendig an! Sich in Kleinkram zu verstricken ist dagegen so furchtbar bedeutungslos! Welch ein Energieverlust!

Was könnten Sie stattdessen mit Ihrer Energie alles bewegen!!!

Also: Gucken Sie genau auf Ihr inneres Urteil, ehe Sie sich auf Kämpfe einlassen, die Nerv tötende Energiefresser sind. Wenden Sie sich lieber der Richtung zu, die interessant für Ihr Wohlgefühl und Weiterkommen ist. Gewöhnen Sie sich ab sofort ab, von etwas WEG ZU WOLLEN, sondern nehmen Sie die andere Blickrichtung, indem Sie auf etwas Erstrebenswertes ZU GEHEN. Ich erkläre Ihnen den Unterschied.

Also: Sagen wir mal, Sie wollen aufhören zu rauchen…Sie denken sich: „Heute rauche ich nicht! Ich werde auf keinen Fall rauchen. Rauchen ist schlecht!"

Welches Wort kommt am meisten in Ihren Beschwörungen vor?

Genau! RAUCHEN…

Und was so ein richtiger Raucher ist, der fühlt sich permanent wieder an sein Laster erinnert, dem er ja eigentlich gerade abschwören wollte.

Die Wahrscheinlichkeit, dass dann irgendwann der Wille mürbe wird bei so vielen Gedanken rund ums Rauchen, ist sehr hoch und der Griff zur Zigarette dann nicht mehr fern.

Soweit das Beispiel zu: WEG VON.

Nun zu der Variante HIN ZU:

Unser Raucher mit dem Vorhaben aufzuhören, sollte sich mit dem konfrontieren, was er ohne Zigaretten gewinnen kann. Z. B. einen gesunden Duft von Frische um sich herum… Das Gefühl, tief durchatmen zu können…Das rosige Aufblühen der Haut, das behagliche Einkuscheln auf dem Sofa, während es draußen knacke kalt ist und Sie sonst Ihre Abende phasenweise, bibbernd auf der Terrasse verbringen mussten …oder auch das entspannte Herumwandeln auf Partys mit freien Händen zum Schütteln, Winken oder Umarmen…

Merken Sie den Unterschied? Es kommt einem Blick über den Tellerrand gleich und lässt Sie Ihren Fokus auf das lenken, was Ihnen wichtig und erstrebenswert ist.

Zur Verstärkung können Sie sich diesen Zielzustand auch noch regelrecht innerlich ausmalen und quasi mit sinnlichen Einlagen aufpeppen.

So könnten Sie z. B. Ihr neues Geruchs- und Frischegefühl feiern, indem Sie sich einen Duft gönnen, der für Sie Frischluft in Tüten bedeutet, was auch einfach das Schnuppern an Blumen und anderen Dingen sein kann.

Sämtlichen Wünschen können Sie mit dieser Methode zur Realisation verhelfen. Zuerst wird das angestrebte Ziel ins Visier genommen und so deutlich wie möglich als inneres Bild ausgemalt. Auch wenn Sie noch nicht so 100 prozentig wissen, wie genau Ihr Ziel aussehen wird, so wissen Sie eines schon genau: Wie Sie sich fühlen wollen.

Ob glücklich, entspannt, harmonisch, zufrieden…wie auch immer Sie es benennen wollen, je mehr Sie dieses Zielgefühl bereits in Ihr Innerstes lassen, folgt der Rest Ihnen einfach nach und lässt immer weniger Platz für Unstimmigkeiten und Disharmonie.

Das Geheimnis ist: Bleiben Sie bei sich, auf Ihren 4 Buchstaben oder besinnen Sie sich auf Ihre Fußsohlen!

Ebendiesen besagten Fußsohlen sei nun ein eigenes Kapitel gewidmet.

3 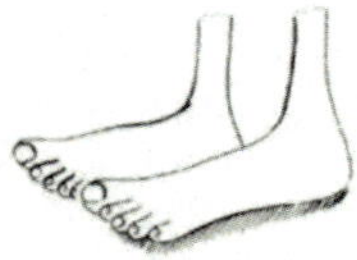

Ein Hoch auf die Fußsohlen!

Jawohl! Hoch! Hoch! Hoch! Gerade dann, wenn Sie nicht artistisch in der Luft wedeln, sondern einfach nur ihren vorgesehenen Job machen und fest auf dem Boden stehen.

Als Coach für Wirkung, Ausstrahlung und Selbstbewusstsein nutze ich die folgende Übung als eine der wesentlichen Grundlagen, um in Kontakt mit sich und der eigenen Basis zu gelangen.

Falls Sie gerade gemütlich auf der Couch oder gar am Strand liegen, verschieben Sie das Ausprobieren dieser Übung einfach auf später. Lesen Sie dann schon mal, wie Sie in Zukunft und auf die Schnelle ein wirklich gutes und inspirierendes Gefühl erlangen können. Wer weiß…Vielleicht werden Sie ja so kribbelig, dass Sie die Neugierde glatt auf die Füße treibt, um die sofortige Wirkung auszuprobieren!

Für alle, die es gleich wissen wollen: Es geht nun los!

Stellen Sie sich einfach ca. hüftbreit auf Ihre Füße und versuchen Sie, den Boden unter sich bewusst zu spüren.

Nehmen Sie nun aufmerksam die Gewichtsverteilung auf Ihren beiden Füßen wahr, während Sie für ein paar Augenblicke die Augen schließen. Dann beginnen Sie bitte, wie ein Schiff leicht hin und her und auch leicht vor und zurück zu schwanken, um sich nach einer Weile wieder in Ihrer gefühlten Mitte einzupendeln.

Nun schicken Sie wieder mit geschlossenen Augen Ihre Aufmerksamkeit in Ihre Fußsohlen.

Hat sich die Empfindung und die Wahrnehmung irgendwie verändert?

Jetzt werden Sie mit größter Wahrscheinlichkeit nicken, denn Sie werden Ihre „kleinen Teller", auf denen Sie wie auf einem hohen Turm thronen, viel mehr spüren.

Ist es nicht eigentlich phantastisch, dass uns diese kleinen Plattformen – mal mehr und mal weniger platt – tragen und, ohne größere Beachtung zu bekommen, tolle Dienste erweisen? Erst wenn man Probleme mit den zwei Gefährten bekommt, widmet man ihnen mehr Beachtung und – hier sind die Damen unter meinen Lesern angesprochen – natürlich, wenn der Sommer mitsamt seiner Nagellack-Kollektion Einzug hält.

Von daher ist diese Übung super gut und wichtig, diesen kleinen Fundamenten unseres Körpers etwas Aufmerksamkeit, wenn nicht eine Lobeshymne zu widmen...

Ganz nach Belieben.

So, wir waren im wahrsten Sinne des Wortes

S T E H E N G E B L I E B E N beim Wahrnehmen.

Um die Wahrnehmung der Füße noch um eine Stufe mehr zu vertiefen, stapfen und trampeln Sie doch einmal auf dem Boden, als wenn Sie eine Eisschicht zum Einbrechen bringen wollten und bleiben anschließend ganz still auf Ihren Füßen stehen. Sie werden nun ein deutliches Kribbeln und Pulsieren spüren und das klare Empfinden von Fundament und Präsenz.

Dieses Gefühl, beginnend in den Füßen, bildet die Grundlage, die eigene Ausstrahlung zu erhöhen und nach oben in den „Turm-Teil" des Körpers hineinströmen zu lassen.

Seminarteilnehmer berichteten mir die verrücktesten Momente, in denen sie sich über ihr Fußbewusstsein, ihrer Stärke und Kraft versichert haben und so selbstbewusster auf die unterschiedlichsten Herausforderungen zugegangen sind.

Und nun geht es noch eine Stufe weiter. Schlagen Sie doch einfach einmal für ein paar Minütchen Wurzeln.

Gedanken zum Wurzeln schlagen:

Während Sie auf Ihren Füßen stehen, stellen Sie sich vor, wie kleine Wurzeln aus Ihren Füßen wachsen. Bei jedem Ausatmen wachsen Sie ein bisschen mehr. Sie wachsen und wachsen…Durch den Boden, durch die nächste Etage, durch den Keller, ins Erdreich, und immer weiter bis zum Mittelpunkt der Erde. Jetzt stellen Sie sich weiter vor, dass dort die Wurzeln aller Menschen zusammenfließen und die Möglichkeit eines Austausches stattfinden kann. Sie können aus diesem Erdmittelpunkt über Ihre Wurzeln beim Einatmen Energien, die Sie benötigen, aufnehmen. Vielleicht haben Sie auch ganz konkret eine Person vor Augen, die etwas hat, was Ihnen gerade helfen könnte.

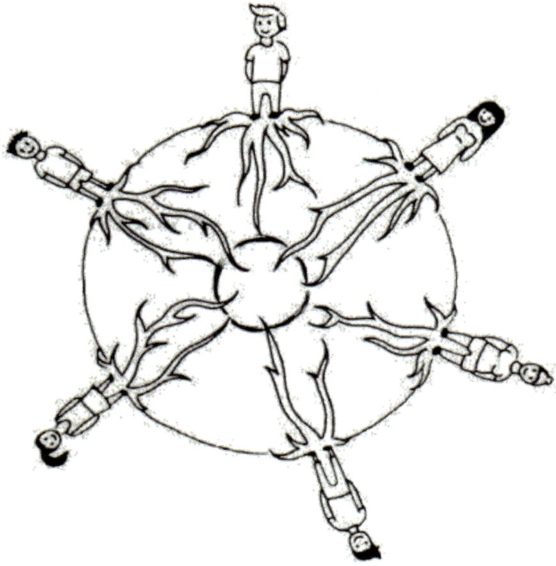

Eigenschaften wie Mut, Selbstsicherheit, Ausgeglichenheit, Kraft...oder was auch immer Sie gerade benötigen. Schöpfen Sie per Wurzelleitung von dem Gewünschten etwas ab. Und haben Sie keine Bedenken, es ist keine Ausbeutung. Was dort zur Verfügung steht, ist das, was wir Fülle oder auch als eine Art „Butterberg" bezeichnen könnten. Ein Butterberg von Krafteinheiten.
Andere dürfen sich im Gegenzug auch der Dinge bedienen, die Sie selbst im Überfluss haben. Wenn Sie nun die gewünschte Krafteinheit zur Genüge aufgetankt haben, ziehen Sie Ihre Wurzeln gedanklich einfach wieder ein und genießen Sie das Gefühl von Energie und Fülle.

Sie erlangen durch diese Übung nicht nur eine gute Erdung und Entspannung, sondern auch ein Gefühl von Globalität, was sich nur positiv im Umgang mit anderen Menschen auswirken kann.

Das Tolle ist, Sie haben diese zwei Wunderdinger namens „Füße" immer am Mann bzw. an der Frau! Isses nich` herrlich?

Probieren Sie es! Es tut gut!

TIPP:

- Das bloße Wahrnehmen der Fußsohlen kann man so gut wie überall machen, wo man etwas länger „rumsteht"…

- Zum Beispiel morgens beim Zähneputzen oder beim Anstehen an der Wursttheke.

- So bekommen diese normalerweise als lästig empfundenen Wartezeiten eine ganz andere Bedeutung. Geben wir dem Kind doch auch gleich einen anderen Namen: Aus einer banalen Wartezeit wird auf einmal eine „Charisma-Vergrößerungs-Maßnahme"!

- Für die Verwurzelungsübung würde ich Ihnen allerdings mehr Ruhe und Zeit empfehlen. Denn stellen Sie sich vor, wie Sie mit sooooo laaaaaangen Wurzeln dem Aufruf z. B. ins Amtszimmer Folge leisten wollen… Uuuuungüüüünstiiiig!

Zwischenkapitel

Stellen Sie sich nun mal die beiden tollen Effekte, die Sie bereits kennengelernt haben, in Kombination vor:

Also, Sie stehen bewusst auf den Füßen, verwurzeln und tanken was auch immer Sie gerade brauchen, und…LÄCHELN DABEI!!!!

Wow!!!!!

Jetzt haben Sie im Grunde das Fundament für Leichtigkeit und eine gute Stimmung gelegt und mit den ersten zwei Übungen das ultimative ERSTE HILFE- „ICH WILL GUTE LAUNE!"- PROGRAMM kennengelernt.

Nun geht`s daran, Ihre Stimmung langfristig auf Plus zu stellen.

Was nicht heißen soll, dass nicht schon das Lächeln allein Sie dauerhaft in Verzückung bringen kann. Mehr noch!

Lächeln wird sogar als Therapie- und Heilungsmaßnahme eingesetzt, indem man durch die bewusste Steuerung des Lächel-Prozesses die daran hängenden, unbewussten Prozesse fokussiert mitaktiviert. So macht man sich das Auslösen der positiven Impulse zunutze, den ganzen Körper über das Transportmittel „Blutbahn" positiv und heilend zu beeinflussen.

Mal ehrlich, da kommt doch dem Ausdruck „Lächerlich" gleich eine ganz andere Bedeutung zu, oder?

4

Von Fröschen, Adlern und Regisseuren

Wenn wir jetzt mal schlussfolgern, dass allein dieser simple Vorgang des Lächelns in Ihnen diese tolle Stimmung auslösen und Sie damit zu der Basis für Wohlbefinden bringen kann, können wir doch im Grunde gar nicht mehr verantworten, schlecht drauf zu sein, oder? Zumindest müssen wir uns den Schuh der schlechten Laune dann selbst anziehen und haben mit diesem Wissen und ab sofort die Möglichkeit einer Schuldzuweisung verspielt.

Allein durch diese „lächerliche" Tat-Sache kann man unschwer erkennen, dass wir selbst den Steuerknüppel in der Hand halten, was wir in unserem Leben empfinden wollen und auch wie es sich in Zukunft entwickeln soll. Wir selbst führen Regie, mit allem was dazu gehört: Drehbuch, Deko. Bühnenbild, die Besetzung der Haupt- und Nebendarsteller, Requisite und Kostüm inklusive Beiwerk. Wir selbst entscheiden, wie ein Fellini oder ein Hitchcock, und alles passt sich den einmal getroffenen Entscheidungen an und beginnt an der Umsetzung zu arbeiten.

Was für ein machtvoller Gedanke! Wie wunderbar!

Sind Sie sich dieser Mechanismen überhaupt bewusst? Und auch der Verantwortung, die sich durch dieses Wissen auf Ihre Schultern legt?

Ja, es liegt in der Natur der Sache, dass der Entscheider eben nicht nur den Ton angeben darf, sondern letztendlich auch seinen Kopf hinhält und die Verantwortung trägt, um gegebenenfalls die Suppe auslöffeln zu müssen.

Ein Grund mehr, seinen „Selbstführungsstil" zu überdenken! Übernehmen Sie schon die volle Verantwortung für Ihr Tun oder auch Ihr Nicht-Tun? Können Sie mit Ihrem „Regiehandling" schon Erfolge feiern?

Die wunderbare Hirnforscherin Vera Birkenbihl erwähnt in einem ihrer Bücher eine Geschichte des amerikanischen Kommunikationstrainers Wayne Dayer, die ich Ihnen passend zu unserem Thema, nicht vorenthalten möchte.

Wayne Dayer teilt die Menschen in zwei Spezies ein. In Frösche und in Adler. Die Frösche, im Allgemeinen zum Quaken neigend, sehen sich oftmals als Opfer, weisen jegliche Schuld von sich, beschweren sich oft und mit Vorliebe lauthals im quakenden Chor, wo sie sich in ihrem Leid bestätigt fühlen und im Ärger über sämtliche Missstände baden können.

Die Adler dagegen nehmen gerne die Position eines Weisen ein, der meistens den Überblick behält und sich nicht in Kleinkram verzettelt.

Sie übernehmen gerne Verantwortung, und das ohne WENN… und ABER…Was heißt, dass sie sich zu ihren Erfolgen genauso bekennen wie zu ihren Fehlern und für beides die Konsequenzen annehmen.

Vera Birkenbihl beschreibt in ihrem Buch die Geschichte eines New Yorker Taxifahrers, der im

Radio von ebendieser Einteilung der Menschen in Frösche bzw. Adler hört und schmerzlich erkennt, dass er zu den quakenden Reptilien gehört, wie es reinrassiger eigentlich gar nicht mehr gehen kann. Davon zunächst in eine tiefe Verzweiflung gestürzt, entschließt er sich zumindest einen Versuch zu starten, sein Leben auf die Adlerseite zu rücken.

Nach einer gründlichen Bestandsaufnahme, die seinen Frust nicht gerade mildern konnte, begann er als erstes einmal die Verantwortung für sein aktuelles und desaströses Dasein zu übernehmen, inklusive aller Fehlentscheidungen und sichtbar erkennbaren Schwächen.

Einen Atemzug später offenbarte sich eben diese tonnenschwere Verantwortung im Umkehrschluss als wunderbare Möglichkeit, die Zügel der Zukunft selbst in die Hand nehmen zu können und mit Bedacht in eine wünschenswertere Richtung zu steuern. Erst zaghaft, doch dann immer entschlossener, entstand in ihm ein Plan, wie er mit allen Mitteln, die in seiner Macht standen, das Ruder in eine andere Richtung steuern konnte, um letztendlich sein Leben so zu gestalten, dass es erfolgreich und erfüllt wurde.

Und genau DAS IST ES!!!!! Wenn wir begreifen, dass hauptsächlich wir selbst verantwortlich für das sind, was wir für uns als „Erfüllung" „Erfolg" und „Glück" erkannt haben, dann werden wir nicht mehr in die stagnierende Opferrolle einsteigen, die uns zum Spielball der Umstände macht. Nein, wir übernehmen die Regie, resümieren, handeln und bestimmen die

Richtung, in welche es uns auch immer ziehen mag… Denn wir wissen von nun an, dass wir auf nichts zu warten haben, wenn wir nicht selbst aktiv die gewünschte Richtung angestoßen, Entscheidungen getroffen und gewisse Schritte unternommen haben.

Das soll übrigens nicht heißen, dass uns nicht hie und da Dinge einfach so zufliegen können. Aber mal ehrlich, wenn Ihnen etwas quasi zugespielt wird (sagen wir mal vom Schicksal, oder auch vom Universum), hängt es doch auch wiederum von Ihrem Urteil ab, ob Sie das zugespielte Geschenk überhaupt annehmen, gar als willkommenes Geschenk empfinden, oder beim nächsten Schicksals-Schrott-Wichteln wieder abstoßen werden… Also, auch hier treffen letztendlich SIE wieder die Entscheidung und das Urteil, ob Sie sich nun glücklich schätzen können oder nicht…

Sätze wie: „Alles bleibt mal wieder an mir hängen…“ und: „Wenn man nicht alles selbst macht…“, sind für selbstverantwortliche Adler quasi eine Hymne, die mit Frohlocken und Jauchzen gesungen werden sollte.

JUCHHUUU!!!! Wenn ich nicht alles
selber mache…Tadiiii…Taddaaaa

Das bedeutet natürlich auch, dass Sie Anderen ihre ureigene Selbstverantwortung ebenfalls zugestehen, ihnen Kompetenzen, sowie Stolperer und Missgeschicke zutrauen und ganz wichtig: auch zumuten! Dies gilt vor allem für die Führungsetage. Egal wo! Ob in Unternehmen, in Schulen, oder in Familien. Also auch als Lehrer und auch als Eltern sind wir diesbezüglich gefordert.

Je mehr Vertrauen wir Anderen schenken, desto mehr kann dieser besagte Andere in seiner Persönlichkeit und seiner Leistung wachsen.

Es geht darum, die Schmach der Fehler genauso einzustecken, wie die geernteten Lorbeeren. Ich betone GENAUSO!!!! Adler haben keinen Grund, bescheiden zu sein. In ausgewogenem Maße sollten Sie weder mit Ihren Reizen noch mit Ihrem Können geizen. Und da sind wir bereits an einem extrem springenden Punkt:

Um richtige „Adlerflüge" zu starten, sollten Sie sich Ihrer Fähigkeiten und der bis hierhin erworbenen Ressourcen bewusst sein.

Das WO, WAS und WIE GENAU ist Thema unseres nächsten Kapitels.

TIPP

Stellen Sie sich mal die folgenden Fragen:

- In welchen Bereichen haben Sie eher Adler-Status und wo Frosch-Status inne?
- Gibt es dieses Quaken und Beschweren, ohne letztendlich etwas zu verändern, auch in Ihrem Leben?
- Wo könnten Sie als Adler gleich beginnen, Ihre Flügel zu putzen und eine andere Sicht einzunehmen?

Solche Fragen sind wunderbares Futter für ausgiebige Spaziergänge. Beim Laufen kann man so herrlich die Gedanken durch die Lüfte ziehen lassen und ein bisschen sortierter und mit Sauerstoff angereichert wieder zurück in den Kopf aufnehmen.
Vor allem: Genießen Sie den Entschluss, den Film Ihres Lebens selbst zu bestimmen und so das Programm wählen zu können, das Ihnen wirklich gefällt. Gerade für die sonst so belächelten und angeprangerten Extrateller-Besteller großartig!
Keiner kann sich länger über Ihre Sonderwünsche beschweren, sondern muss voller Bewunderung erkennen, dass Sie ganz einfach nur sehr genau wissen, wie Sie es gerne hätten.

Also, bitte! Ergreifen Sie das Ruder inklusive sämtlicher Extras und auf geht`s!

5

Von Ressourcen-Reisen bis zum Elevator-Pitch

ELEVATOR- WAS???? fragen sich vielleicht die Nicht-Business-Leute unter Ihnen.

„Elevator-Pitching“ (EP) ist die Bezeichnung für die Kunst, eine „Aufzugfahrtlänge“ für das Gespräch mit einem potentiellen Auftraggeber und Entscheider zu nutzen, um gezielt in kürzester Zeit die eigene Person inklusive der beruflichen Spezialgebiete möglichst klar vorzustellen. Damit der Andere sich bei der nächsten vakanten Stelle, im besten Falle an Sie erinnert und Sie so zu einem weiteren Gespräch einlädt. ...und hoffentlich dann vom Fleck weg engagiert.

Deshalb ELEVATOR (= AUFZUG)
PITCHING (= INFORMATION ABLADEN)

Es ist, wie eine Visitenkarte in Gesprächsform mit passendem Drumherum so gestaltet abzugeben, dass Sie möglichst positiv und nachhaltig im Gedächtnis bleiben.

Es muss übrigens nicht zwangsläufig in einem Aufzug passieren. Es ist auf sämtlichen Events einsetzbar. Halt überall dort, wo potentielle Kontaktpersonen gerade empfangsbereit sind und sich eine passende Gelegenheit ergibt. In der heutigen Zeit ist es die erfolgreichste Technik und das A und O beim Akquirieren und Netzwerken!

Das wirklich Tolle an diesem Elevator-Pitching ist nicht nur das Umsetzen und „Abladen" Ihrer inszenierten Visitenkarte, sondern das, was es dafür an Selbstforschungsarbeit zur Vorbereitung braucht!

Kleine Übung:
Sagen Sie mal spontan in ein paar Sätzen, wer Sie sind, was Sie machen, was Ihre Besonderheit ist und wohin Sie streben…

Es hat auf Anhieb geklappt? Super! Ich kann Ihnen nur gratulieren!
Jetzt brauchen Sie vielleicht nur noch an der Art und Weise, wie Sie sich inszenieren wollen oder auch gerade nicht-inszenieren wollen, zu feilen und Sie sind fertig zum EP…Auf zum nächsten Aufzug. Ähm…ich meine zum nächsten Event!

Allen, die schon zum Antworten ausholen und plötzlich merken, dass es da mehrere oder gar mehrstündige Erklärungsmöglichkeiten gäbe, sei gesagt: Genau dafür ist diese besagte „Vorarbeit" so nützlich!

Auch, wenn Sie nie einen Elevator-Pitch planen und schon mal gar nicht in einen Aufzug steigen würden, weil Sie hochgradig klaustrophobisch sind, gilt es zu überlegen, WER Sie eigentlich sind, WAS Sie ausmacht und auch, was Sie vom Leben eigentlich möchten.
Zum Ergreifen des adlergleichen Steuers der Selbstverantwortung ist dies eine unverzichtbare und grundlegende Übung.

Außerdem ist es eine großartige Intervention, Klarheit und Ideen bezüglich Ihres zukünftigen Waltens und Schaltens zu bekommen.

Entwerfen Sie doch einfach mal so aus Spaß einen Flyer, der Sie, Ihre Arbeit und Ihre Spezialitäten zum aktuellen Zeitpunkt transparent macht.

Selbst, wenn Sie bereits mit sämtlichem Werbematerial über Ihre berufliche Tätigkeit ausgestattet sind, ist es hin und wieder empfehlenswert, abzugleichen, ob sich Ziele oder Bedürfnisse verändert haben und Sie Ihre mittlerweile dazugewonnene Reife und Kompetenz in einer anderen Form oder Gestaltung präsentieren möchten.

Stellen Sie sich einfach folgende Fragen:

- ☐ Wo genau wollen Sie hin?
- ☐ Wer oder was wollen Sie sein?
- ☐ Wie genau könnten die Stich- und Schlagwörter Ihres Flyers lauten, die Sie und das, was Sie ausmacht, genauestens umschreiben?
- ☐ Welche Farben sollen für Sie sprechen?
- ☐ Welche Symbole oder Fotos…?
- ☐ Falls Sie schon Visitenkarten und Flyer haben: Entspricht noch alles Ihren aktuellen Zielen und Angeboten?

Dann stellt sich auch noch die Frage, ob die Symbole, Farben und Slogans auch wirklich die Klientel anspricht, die SIE ansprechen wollen.

In meinem Werdegang sah ich mich, durch die Vielseitigkeit meiner Arbeit, laufend angehalten, Aktualisierungen vorzunehmen. Die Homepage, die Visitenkarten, die Projekte, die Auftraggeber…
Alles unterlag ständig einer gemeinsamen Entwicklung und bedurfte permanent der kreativen Herausforderung des „Sich-Neu-Erfindens".

Ich persönlich finde diese Erneuerungen immer wahnsinnig spannend! War es doch immer wieder erstaunlich zu sehen, welche Aufgabenbereiche bei mir mittlerweile ihren Dienst quittieren konnten
und wohin sich stattdessen die Schwerpunkte entwickelten.

Ein bloßer Umzug ein paar Straßen weiter konnte mich durch die notwendig gewordene Erneuerung der Visitenkarte, in eine tiefe Seins Suche stürzen, die meistens bei der Auftragsbesprechung im Büro des Grafikers ihren Anfang nahm. Ausgelöst durch die simple Frage: „Nur Adressenänderung, oder soll sonst noch was an der Karte geändert werden?" In dem Moment wurde mir klar, dass gar nichts mehr klar war. Und schon gar nicht, was genau da jetzt auf der Karte stehen sollte.

Also erst einmal zurück nach Haus marsch, marsch und ab in Klausur! Eine Woche…, zwei Wochen…, manchmal war dann in der dritten Woche der gefühlte Weg durchs Nadelöhr geschafft… Denn genauso empfinde ich dieses „kreative Gebären".

Und mit diesem Nadelöhr-Gang war nicht nur die aktuelle Visitenkarte neu kreiert worden, sondern auch eine Vorstellung meines zukünftigen Weges, inklusive potentieller Auftraggeber, neuer Ideen und Visionen. Die neue „Elevator-Pitch-Formel" war ebenfalls fertig! UFFFF! Auf zur Pinkelparty der frisch geborenen neuen Existenz!

Zusätzlich zu dem bereits vorgeschlagenen Fragenkatalog sollten Sie eine weitere Liste anlegen, in der Sie alles *schriftlich (!)* festhalten, was Sie bereits bis zu diesem Zeitpunkt im Leben gelernt, geleistet und an Kompetenzen gesammelt haben.

Ausbildungen. Fortbildungen. Praktika. Das heißt Ihre gesamten beruflichen Erfahrungen.

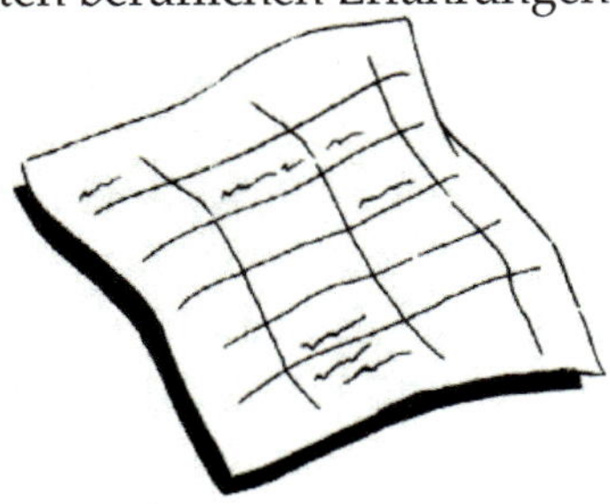

Wo haben Sie ansonsten in Ihrem Leben Erfolge gefeiert?

Wo waren Sie stolz auf sich?

Wo haben andere Ihnen Komplimente und Feedback zu Ihrer Wirkung und Ihrem Können gegeben?

Wo liegen Ihre Stärken und besonderen Fähigkeiten im Bereich der sogenannten „Schlüsselkompetenzen"?

Schlüsselkompetenzen sind all diese besonderen Fähigkeiten, die man als „soft-skills“ bezeichnet. Charaktereigenschaften, die Sie neben ausbildungstechnischen Fertigkeiten und Kompetenzen noch quasi „von Haus aus“ mitbringen, z. B. Zuhörerqualität, Organisationstalent, Empathie, Präsentationsfähigkeit, Disziplin, Offenheit, Kreativität, Ausdrucksfähigkeit, usw…

Schreiben Sie alles auf, worin Sie gut sind. Und dabei ist es egal, ob Frau X oder Herr Y über die gleiche Fähigkeit verfügt wie Sie.
Es geht um die Kombination all Ihrer Stärken, gekoppelt mit Ihrem beruflichen Knowhow, welches dann das Gesamtpaket Ihrer Besonderheit ausmacht.

Und wenn ich schreibe, dass Sie Ihre Liste unbedingt schriftlich machen sollen, ist das ein ernst zu nehmender Tipp!

Einmal die Zeit genommen und all diese Dinge schwarz auf weiß (oder in welcher Farbe auch immer) aufs Papier gebracht, lässt es sich doch ganz anders über dieses Wesen ICH denken, als mit bloßen Feststellungen, die der Flüchtigkeit und dem Vergessen ausgesetzt sind.

Ich habe vor etlichen Jahren eine Kurzbiographie von Moshe Feldenkrais gelesen und war unendlich beeindruckt von all den Stationen in seinem Leben, von seinen vielen Ausbildungen und Interessengebieten und fühlte mich im Angesicht all dieser Größe plötzlich ziemlich unbedeutend und winzig.

Dann kam ich so ins Grübeln und überlegte, wie es denn wohl wäre, wenn jemand meine Biographie lesen würde. Ich probierte es sofort aus. Ich schrieb in der dritten Person über mich und meinen Werdegang bis zu dem damals aktuellen Zeitpunkt. Und soll ich Ihnen was sagen? Ich war erstaunt!

Was ich schon alles gemacht hatte… Wo ich schon überall gelebt hatte…

Umzugstechnisch stand ich Herrn Feldenkrais in keiner Weise nach. Übrigens, sehr zum Ärger meiner damals noch mit profanen Papier-Adressbuch ausgestatteten Freunde, die wegen mir unter der Rubrik W keinen Platz mehr hatten und sich aus diesem Grunde teilweise genötigt fühlten, neue Büchlein anzulegen…Hach, was waren das noch Zeiten…Und wieder bestätigt sich das Positive der technischen Entwicklung, die mir mittlerweile gestattet, so oft meine Anschrift zu verändern, wie ich will, ohne mir weiteren Groll der Freunde zuzuziehen!!!!

Aber an dieser Stelle sei gesagt: Ich danke euch für eure Geduld…zumal ihr ja auch bei den meisten Umzügen noch Hand und Pferdestärken mitsamt Anhänger einbringen musstet. Tausend Dank! Am schönsten waren immer die Momente, wenn alles kreuz und quer in der neuen Wohnung übereinander stand und der Prosecco geöffnet wurde…So schön können Pappbecher nur dann klingen!!!

Doch zurück zum Thema: Ich sah also schwarz auf weiß, wie viele Ausbildungen, Fortbildungen und Projekte ich schon durchlebt hatte.

Mann oh Mann…Ach, Quatsch…Ich meine natürlich in diesem Fall: Frau oh Frau. Ich fühlte mich auf einmal überhaupt nicht mehr klein und schon gar nicht mehr unbedeutend! Wurden mir doch durch diese nette kleine „Aufsatz-Arbeit" die Ansätze meines Potentials und meiner Kompetenzen bewusst, die mir bis dahin in keiner Weise präsent waren. Wir tragen oftmals bereits Großartiges in uns und müssen das Wissen darum lediglich in unser Bewusstsein holen. Mit von Stolz-geschwollener Brust, lässt es sich viel besser an, Ziele zu erreichen und auf Menschen zuzugehen, die einen vielleicht weiterbringen oder zumindest weiterempfehlen können.

Der wesentliche Trick beim Verfassen der Biographie ist das Schreiben in der dritten Person. Wie ein Beobachter, der ohne Geschnörkel Ihre Person, Ihre Verdienste und Eigenarten beschreibt und für die Geschichtsbücher festhalten will. (Soll er doch!!!!)

Wenn Sie dagegen in Ich-Form schreiben, sind Sie als Autobiograph unter Umständen verführt, schmälernde Umstände mit aufzuschreiben. Und dann wimmelt es nur von Aussagen wie: „gerade noch erreicht…" "halbwegs…" „ein bisschen…" „wie die Jungfrau zum Kinde…" Aussagen, die ein außenstehender Biograph niemals erwähnen würde.

Oder glauben Sie etwa, dass bei der Beschreibung des Werdegangs von diversen beeindruckenden Persönlichkeiten immer die wahren Umstände offiziell bekannt sind, die diese von Erfolg A zu Situation B geführt haben, woraus dann die glamouröse Story C entstand?

Wir kennen die wahren Auslöser und vielleicht manchmal unspektakulären oder auch niedrigen Beweggründe für Entwicklungen, Umzüge und Erkenntnisse so mancher Persönlichkeiten nicht.

Vielleicht war es beispielsweise ja nur das Fliehen vor einer aufdringlichen Geliebten, oder die allergische Reaktion der dort beheimateten Pflanzenart, die unseren Helden aus, sagen wir mal, dem Süden in die Kälte Sibiriens trieb, wo er dann nur durch die verzweifelte Suche nach einer Art Plumpsklo auf dem Eis herumstapfte und beim Erleichtern seiner menschlichen Bedürfnisse eine Sensation entdeckte, die ihm dann einen Platz im Lexikon oder auf irgendeiner Wissensplattform einen preisgekrönten Eintrag sicherte…(Um was für eine Sensation es sich hier handeln könnte, überlasse ich Ihrer Phantasie!)

In der Biografie heißt es dann so: Unser Held wurde von einer Art innerem Wissen getrieben und beobachtete über Jahre immer wieder die Eisschicht, bis er nach ausführlichen Berechnungen den Zeitpunkt exakt für gekommen hielt das Eis mithilfe eines komplizierten Verfahrens zu sprengen und so die „Sensation" (was auch immer…) ans glasklare sibirische Tageslicht befördern konnte…

Sehr beeindruckend, oder…? Nichts von reinem Zufall oder Eventualitäten…

Also, schreiben Sie als engagierter Biograph. Bleiben Sie bei der Wahrheit und passen Sie auf diese gewissen Kleinmacher-Gedanken auf!

Oftmals können wir anderen aus tiefsten Herzen huldigen. Nur bei uns selbst fällt uns das Huldigen schwer, weil wir unsere Schwächen nur zu genau kennen.

Im ersten Jahr der Ausbildung zum NLP-Coach hatten wir die Gelegenheit, einen Feuerlauf zu machen. Wir wurden mental gut vorbereitet und gingen dann bei Eintritt der Dunkelheit nach draußen zur Feuerstelle. Ich hatte mir vorgestellt, dort eine Art glühenden Teppich vorzufinden, über den ich dann mal so eben (vermutlich ganz schnell...) laufen würde. Pustekuchen! Wir kamen an ein richtiges großes, loderndes Feuer und mir wurde vor Angst ganz übel.

Gedanken von mittelalterlichen Hexenverbrennungen mischten sich mit meinem Einfallsreichtum im Ausreden erfinden und mir schlug das Herz vor Angst bis zum Hals. Dann nahm der Inquisitor, ähh Verzeihung...ich meine natürlich der Trainer eine Harke und strich das Feuer glatt, so dass es zu genau dem glühenden Teppich wurde, der mir ursprünglich vorgeschwebte. Nur war mir nun die Präsenz der Eigenschaften des Feuers viel mehr bewusst als mir lieb war. Aber ich machte es. Ich lief! Und ich fühlte mich danach wunderbar und mutig!

Gemeinsam feierten wir dann mit allen Teilnehmern des Seminars unseren Mut und versorgten unsere kleinen Brandblasen. Was für ein heldenhaftes Gefühl! Unbeschreiblich!

So, nun kam der nächste Morgen. Wieder gut duftend und von allem Rauch und Ruß befreit, traf die Gruppe im Seminarraum zusammen.

Und was glauben Sie? Immer noch Helden? Immer noch stolz? Mitnichten! Den meisten von uns schlich sich die Tatsache in den Sinn, dass wir ja nur schnöde drei Meter übers Feuer laufen mussten. War doch mit wenigen Schritten getan! Da gab es doch Menschen, die liefen 15 Meter und mehr… Wir waren doch nur kleine Fische. Und außerdem bewiesen die kleinen Brandblasen unsere noch bestehende mentale Unsicherheit.
Stellen Sie sich doch mal diese Entwicklung vor! Vom Helden zum kleinen Fisch.

Aber so funktionieren wir Menschen oftmals!

Nach dem Motto: Wenn *wir* das schaffen, kann es ja nicht so schwer sein!
Wir sind, was das angeht, ziemlich wahnsinnig und boykottieren uns durch solche Schmähungen selbst.

So, und genau deshalb achten Sie darauf, dass Sie Ihre wunderbaren Seiten, Fähigkeiten und Kompetenzen unzensiert festhalten. Wie gesagt: Schriftlich festhalten! Und lesen Sie es anschließend mit Genuss! Es macht unheimlich Spaß, die Lorbeeren vor sich zu sehen und sich selbst als großartig, liebenswert und interessant wahrzunehmen.

An dieser Stelle möchte ich einige Sätze aus der Antrittsrede Nelson Mandelas von 1994 zitieren:

„Unsere größte Angst ist nicht, dass wir nicht genügen. Unsere größte Angst ist, dass wir über alle Maßen mächtig sind.

Am meisten ängstigt uns unser Licht, nicht unsere Dunkelheit. Wir fragen uns, wer bin ich, dass ich es wage glänzend, prachtvoll, talentiert und fabelhaft zu sein?

Es sollte eigentlich heißen: Wer bist Du, um es nicht zu sein? Dein Licht unter den Scheffel zu stellen, nützt der Welt nicht…"

Also, ran an das Erkunden der Fähigkeiten, die Sie nicht bekommen haben, um sie dann verdümpeln zu lassen!

Stellen Sie Ihre Qualitäten in den Dienst der Menschheit und der Erfüllung Ihres Lebens! Denn, - und da sind wir wieder bei einem unserer ersten Gedanken- wenn Sie die Talente, die Sie haben, nutzen, werden Sie automatisch diese gewünschte Erfüllung spüren!

Bitteschön und jetzt sind Sie dran!
Schenken Sie sich bewusst Zeit und füllen Sie sich nach und nach mehr und mehr mit Leichtigkeit und Wunderbarem an. An manchen Tagen macht man Riesenschritte und scheint das Leben mitsamt der Gelassenheit und Größe begriffen zu haben …

An manchen Tagen gehen der Erfolg und die Lebensfreude verschlungenere Wege und scheinen sich in den hintersten Ecken versteckt zu haben. Es ist alles in Bewegung und Entwicklung!

Tänzer pflegen dazu zu sagen, dass sie jeden Tag mit *d e m* Körper arbeiten müssen, der ihnen an *d i e s e m* Tag zur Verfügung steht. Also, seien Sie gnädig mit sich und nehmen Sie Entwicklungsverzögerungen ganz gelassen. Noch besser: Lächeln Sie einfach…denn Sie wissen ja, was dann passiert!

TIPP:

- Schreiben Sie eine Kurzbiographie über sich. Schreiben Sie in der dritten Person, als wenn Sie ein Beobachter Ihrer Person und Ihrer Fähigkeiten wären.
- Genießen Sie es, diese besondere Person zu erforschen und kennenzulernen.

  Wie? Welche besondere Person? NA,

  SICH SELBST, NATÜRLICH!!!
- Lesen Sie anschließend die entstandene Biographie mit Genuss und Hochachtung.

Zwischenkapitel:

Wenn wir bis jetzt schon mal ein Resümee ziehen, ist festzustellen: dass Sie nun mit diesen Übungen über eine wesentlich präsentere und wachere Wahrnehmung bezüglich der eigenen Person verfügen, Sie sich selbstverantwortlich in Null-Komma-Nichts in gute Laune versetzen können und Sie über Fähigkeiten und Potentiale, die in Ihnen schlummern, Bescheid wissen sollten.

Es ist Zeit, mal wieder auf die Fußsohlen zu springen und kurz mit geschlossenen Augen und einem Lächeln auf den Lippen diese neuen Erkenntnisse erst einmal wirken zu lassen.

Füllen Sie sich mit diesem machtvollen Gefühl komplett auf und lassen Sie es wie ein Kribbeln durch Ihr ganzes Wesen wandern. Hmmmm herrlich!

Es kommt einer inneren Verjüngungskur gleich und spiegelt das wider, was ich als „Basement" bezeichne.

Unsere Basis des Seins.

Es fühlt sich tief und breit an, wie ein aufregendes Gefühl von Neugierde, Tatendrang und unbändiger Lebenslust. Sie ahnen Ansätze Ihrer Power mit einem Anflug von Grenzenlosigkeit.

Und…"Da isses!", würde mein Mann jetzt rufen (bei ihm sind allerdings Tore beim Fußballgucken gemeint) …Da isses! Das heißersehnte Gefühl der Leichtigkeit des Seins! Diese Leichtigkeit entsteht durch die innere Energie und das Wissen von Kraft und Zugehörigkeit.

Und wenn wir beim Fußball bleiben wollen: Es ist wie beim Sport. Je mehr Muskeln Sie aufgebaut haben, desto leichter erscheinen Ihnen die Übungen.

Diese Leichtigkeit, die entsteht, wenn Sie Ihre Basis kennen und fokussiert die Richtung vorgeben, in die Sie gehen möchten. Ihre Umgebung wird dann gerne folgen und Sie häufig mit „zufällig“ auftauchenden Geschenken und Zugaben überraschen.

Wie das kommt?

Haben Sie schon einmal etwas von dem Prinzip der Anziehung gehört?

Diesem Phänomen sei das nächste Kapitel gewidmet.

6

Das Phänomen der Anziehung

Ich fühle mich angezogen… Jemand ist ausgesprochen anziehend…

Es gibt sie wirklich!
Die Gesetzmäßigkeit der Anziehung.
Kurz gesagt ist es so:

Wir ziehen das an, was wir aussenden.

Ohne Ihnen komplizierte metaphysische Ausführungen geben zu wollen, müssen Sie ganz einfach davon ausgehen, dass alles, was Sie erreichen und sein wollen, zuerst zumindest in Gedanken von Ihnen angestoßen werden muss, um dann letztendlich stattfinden zu können. Je mehr Sie mit Klarheit oder auch im Unbewusstsein etwas für selbstverständlich und zu Ihnen gehörig empfinden, desto einfacher fließt dieses „Etwas" Ihnen auch zu. Und genau dieses Phänomen sollten wir uns bezüglich unserer Wünsche und Ziele zunutze machen.

„Na, bitteschön…Wie soll ich mir das denn z. B. bei meiner Partnersuche zunutze machen?", höre ich das erste Aufbegehren.

„Wie soll das denn bei meiner Jobsuche funktionieren?", schallt es von der anderen Seite.

Berechtigte Einwürfe! Aber, aber… bleiben Sie entspannt. Ich verrate Ihnen das Geheimnis!

Früher habe ich genauso verzweifelt dagestanden und einfach nicht gewusst, wie ich es anfangen sollte.
Ich beschäftigte mich schon früh mit sämtlichen Theorien des mentalen Trainings und erreichte doch nur in den seltensten Fällen ein positives Resultat, und selten das, was ich so unbedingt erreichen wollte. Damals arbeitete ich als Schauspielerin im Filmgeschäft und wollte meine weiteren Rollenangebote und die dazugehörige Karriereleiter unbedingt vorantreiben.

Ich dokterte mit dem Wissen um kosmische Bestellservicestellen und mentalen Kraftzentren wild herum, fühlte mich aber in der Vorgehensweise total verunsichert. Ich fragte mich immer wieder:
WAS GENAU ICH DENN JETZT ZU DENKEN HABE bzw. MIR VOZUSTELLEN HABE…
wenn ich mir z. B. ein hochkarätiges Filmangebot wünschte, (und darin war ich mir 100-prozentig sicher!) welche Rolle sollte ich denn jetzt visualisieren, wenn ich doch keine Ahnung von den nächsten Drehbüchern und Projekten hatte, die gegebenenfalls für mich infrage kamen…?

Das gleiche Problem äußern viele, wenn es um die Suche nach einem Partner geht:

Wie soll ich mir den Partner denn vorstellen? Blond? Dunkel? Groß? Klein? Schlank? Mir ist es doch eigentlich egal, wie mein Partner aussehen wird. Hauptsache, er oder sie ist nett und haut mich vom Hocker!

Und genau da sind wir am richtigen Hebel! Wenn in den Beschreibungen des Wünschens und Visualisierens steht, sich höchst genau auszumalen, wie das Ziel aussehen soll, geht es nicht um die Optik des ersehnten Partners oder Jobs, oder wie bei mir, um die genaue Filmrolle… Das alles sind ja meistens noch unbekannte Nenner in Ihren Wünschen und Zielvorstellungen.

Nein, es geht hier um das möglichst konkrete Visualisieren und königliche Genießen Ihres eigenen Gefühls, das Sie haben werden, wenn dieser Wunsch in Erfüllung gegangen ist!

Also, bei der Partnersuche war der Wunsch geäußert worden, sich „vom-Hocker-gehauen" fühlen zu wollen. Na, bitte. Visualisieren Sie dieses Gefühl und freuen Sie sich auf die reale Umsetzung Ihres quasi „mental vorgemalten Bildes".

Bei der Jobfindung würden Sie vielleicht Ihre besten Freunde anrufen, um ihnen die gigantische Neuigkeit mitzuteilen und sich zum Feiern verabreden. Na, also! Visualisieren Sie den Moment der Anrufe und malen Sie sich aus, was die anderen sagen und wohin Sie dann zum Feiern gehen werden.

Tun Sie einfach so, als ob Ihr Wunsch bereits erfüllt wurde und Ihr Ziel erreicht ist. Und dann genießen Sie JETZT SCHON DIESEN ZUSTAND mit allen Facetten und Sinnen.
Ich werde diese „So-tun-als-ob-Übung" nun mal ein bisschen näher beschreiben, so, dass Sie gleich mitmachen können.

Die So-tun-als-ob-Übung

Entscheiden Sie bitte vorab, für welches Ziel oder welchen Wunsch Sie diese Übung ausprobieren wollen.

Falls Sie jetzt zwei, drei, oder mehr Dinge und Wünsche im Kopf haben, entscheiden Sie sich bitte für einen. Nach dem ersten Ausprobieren der Übung können Sie auf gleichem Wege mit jedem Ihrer Träume verfahren und ebenfalls alle weiteren Ziele angehen.

Sie haben sich für einen Traum, einen Wunsch oder ein Ziel entschieden? Gut!

Nun formulieren Sie Ihr Ziel. (Auch hier ist ein schriftliches Festhalten immer von Vorteil).

Schnappen Sie sich jetzt Ihren ZIELGEDANKEN *und (wenn Sie die Übung kennengelernt haben) schließen Sie die Augen.*

Ob Sie während der Übung sitzen, stehen oder liegen bleibt Ihnen überlassen.

Stellen Sie sich nun vor, dass eine kleine nette Fee kommt und Ihnen, wie im Märchen, eine „Schon-Angekommen-Glocke" überstülpt.

Willkommen an Ihrem Ziel!

Spüren Sie, wie sich das anfühlt z. B. von der ersehnten Liebe erfüllt zu sein…oder zu Hause auf dem Sofa zu sitzen und sich bewusst zu sein, dass die Nerv tötende Suche nun ein Ende hat und Sie in Kürze in Ihren Traumjob einsteigen.

Spüren Sie das Gefühl dort zu sein!

Was macht Ihr Atem? Wie schlägt das Herz? Welche Farben sind um Sie herum? Wie riecht es dort im Ziel? Wie schmeckt es?

Was ist das Erste, was Sie jetzt machen werden? Genießen Sie es still für sich? Wen rufen Sie als erstes an?

Fühlen Sie es mit allen Sinnen und mit dem glucksenden Gefühl von Freude, Glück, Erfolg oder auch Stolz. Genießen Sie dieses Gefühl und lassen es wie eine Flamme immer größer und präsenter in Ihnen aufflammen. Je konkreter Ihre inneren Bilder sind und je mehr Sinnlichkeit Sie spüren, desto besser!

Okay- wenn Sie genug in Ihrem Gefühl geschwelgt haben, kommt die kleine Fee und nimmt die „Schon-Angekommen-Glocke" wieder weg.

Genießen Sie noch im Nachhinein das Flattern der Nachwehen des Glücks in Ihrem Innern. Hach…schön!!!

Wissen Sie, was gerade passiert ist? Sie haben dem Universum eine genaue Zeichnung erstellt, wie es sich anzufühlen hat (und Sie wissen doch: egal ob blond, ob braun…) und wonach es sich dann richten kann.

Sie brauchen sich jetzt eigentlich nur zu freuen und das Gefühl schon mal auszukosten. Schwelgen Sie ruhig schon mal auf Vorrat und malen weiter an Ihrem „Glocken-Moment".

Diese Bilder, schön lebendig und bunt mit Ihren Emotionen gefüllt und ausgeschmückt, werden dann quasi als Bestellschein angesehen und dem wunderbaren Gesetz der Anziehung folgend, zur Vollendung angestoßen.

Das gilt übrigens auch für die Aktivierung Ihrer Selbstheilungskräfte. Deshalb sollten Sie Ihre Gedanken zielgerichtet einsetzen und alle Sinnlichkeit, die Sie aufbringen können, zum Buntmalen und Ausschmücken nutzen!

Allerdings ist dazu zu sagen, dass das Gesetz im Hinblick auf Pessimismus und Schwarzmalerei auch dem Prinzip der Anziehung folgt. Das heißt: Intensive Schwarzmaler kriegen auch die vorgemalte Situation zurückgeschickt. Stand ja so auf dem Bestellschein!

Wir alle kennen Menschen, die Murphys Law scheinbar für sich gepachtet haben und wie der Volksmund sagt: „Die das Pech ja geradezu anziehen!"

Die Entscheidung liegt tatsächlich bei Ihnen. Was wollen Sie anziehen?

Werden Sie, mein geschätzter Leser, lieber bekannt als Glückspilz, der das Schöne nur so anzieht und seine Träume lebt.

Und wo wir gerade beim Träumen sind...Derweil Sie sich ja im Kapitel davor mit Ihren Potentialen bereits vertraut gemacht haben, brauchen Sie eigentlich nur noch den Griff in die Traumkiste bzw. über den Tellerrand zu wagen, um nicht nur Ihr Leben erfolgreicher werden zu lassen, sondern dabei auch noch in Richtung Erfüllung und Leichtigkeit zu verschieben.

Napoleon Hill schrieb ein Buch mit dem Titel:

Denke nach und werde reich.

Ich möchte diesen Titel in diesem Falle abändern in ein:

Denke nach und werde LEICHT!

Diese ganze Träumerei und Visioniererei heißt nicht, dass Sie alles Bestehende jetzt verteufeln und fluchtartig nach vorne preschen sollen. Auf keinen Fall! Ganz wichtig ist, dass Sie den Status Quo bzw. den bereits erlebten und bestehenden Stand der Dinge würdigen. Als Herausforderung oder Lektion ehren und egal, wie schwierig es auch gerade ist, ohne Groll und mit Dankbarkeit annehmen. Erst dann kann der Focus mit Klarheit in neue Bahnen gerichtet werden.

Das wunderbare Wesen der DANKBARKEIT wird Thema unseres nächsten Kapitels sein.

TIPP:

- Nehmen Sie sich Zeit für sich, um Ihre Wünsche und Ziele zu erkunden und geben Sie Ihren „Bestellschein“ dann mit der „So-tun-als ob-Übung“ auf.
- Schwelgen Sie bei Spaziergängen oder bei einem Bad im „Glocken-Gefühl“ und freuen Sie sich einfach jetzt schon so, als ob es schon da wäre…

7

Das Wesen der Dankbarkeit

„Lasst uns aufstehen und dankbar sein. Denn wenn wir heute auch nicht viel gelernt haben, so doch wenigstens etwas. Und wenn wir überhaupt nichts gelernt haben, sind wir wenigstens gesund geblieben. Und wenn wir krank geworden sind, so sind wir wenigstens nicht gestorben. Also lasst uns alle dankbar sein."

Gautama Buddha

Was so viel bedeuten soll, dass man das achten und ehren soll, was bereits da ist und seinen Fokus vom Missstand und Unzufriedenheit auf die Habenseite lenkt. Immer dann, wenn Sie sich ertappen ins Quaken und Jammern zu kommen und sich über die Seite der „roten Zahlen" auf Ihrem Sein-und Habenkonto echauffieren, halten Sie inne und lenken Sie Ihren Blick erst einmal auf die Habenseite Ihres Lebens. Es bringt Sie in eine viel bessere Stimmung und gibt Ihnen wieder die Basis, von der aus Sie sämtliche Probleme- oder sind es bei Ihnen schon Herausforderungen? – mit Energie und Bedacht lösen können.

In dem Buch „The Magic" von Rhonda Byrne können Sie eine ganze Palette an Handhabungen nachlesen, was alles mit dieser Dankbarkeit bewirkt werden kann und welch wunderbare kleine Übungen und Rituale Ihr Leben bereichern können.

Regelrechte Wunder!

Zum Beispiel wird dort empfohlen, eine magische Liste anzulegen, in der Sie einfach einmal alle Personen und Umstände notieren, für die Sie echt dankbar sind. Das Besondere daran ist, nicht nur zu schreiben *wofür* Sie dankbar sind, sondern tiefer in Ihre ureigenen Gefühle zu gehen, indem Sie auch noch schreiben, *warum* Sie dafür dankbar sind.

Ich bin für xxx dankbar, weil xxx in mir dieses oder jenes Gefühl auslöst…Dieses oder Jenes erleichtert… oder ich mich dadurch so oder so fühlen kann… oder was auch immer… Sie wissen schon: Die Sache mit der Familie Mustermann in Musterstadt…

Wahrscheinlich wird sich schon beim Erstellen der Liste, dieses satte Gefühl von " verwöhnt sein", von „netten Menschen umgeben" oder auch von „sich eigentlich glücklich schätzen können" breitmachen. Und wenn Sie jetzt auch noch das „eigentlich" streichen, ist doch Ihr Status Quo mitsamt Umgebung besser, als es Ihnen vorher bewusst war, oder?

Toll und echt „magisch", diese Liste! In meinen Seminaren und Coachings ist sie ein beliebtes Werkzeug geworden und löst jedes Mal so einige Aha-Erlebnisse aus.

Es ist wie ein Positionswechsel. Das Habenkonto wird dadurch ganz klar und in Ihr Bewusstsein katapultiert. Versuchen Sie es mal!

Tipp:

- Richten Sie Ihren Fokus auf die Habenseite Ihres Lebens und lassen Sie ein Gefühl von Dankbarkeit in Ihnen wachsen, für alles Gute, was Sie schon haben.
- Schreiben Sie eine Liste, WEM Sie oder WOFÜR Sie dankbar sind und vor allem auch,
  WARUM Sie dafür dankbar sind. Was dieser Mensch, diese Situation, dieser Umstand …in Ihrem Leben bewirkt. Sie werden merken, wie reich Sie im Grunde schon sind.

Zwischenkapitel

ABER WAS DENN NUN? Über den Tellerrand gucken, oder dann doch einfach alles so hinnehmen, wie es ist, und damit zufrieden sein????

Widerspricht sich das denn nicht?

Es scheint im ersten Moment wirklich schwer miteinander vereinbar zu sein. Aber um neue Wege zu gehen, nimmt man doch auch das Gelernte, Erlebte und seine Erfahrungen mit, um sich von da aus weiter zu entwickeln. Seinen Status quo zu nihilieren hilft Ihnen in keiner Weise weiter. Im Gegenteil. Solange Sie noch Energie in Form von Wut, Stress und generell Aufmerksamkeit in die missliche Situation oder z. B. ungeliebte Angewohnheit geben, gewinnt diese mehr an Bedeutung, mitsamt den dazugehörigen Gefühlen. Und diese Gefühle sind, wie wir wissen, bei den Dingen, derer man sich entledigen möchte, meistens eher negativ behaftet!

Erinnern Sie sich an das Beispiel mit der Rauchentwöhnung?

Genauso läuft es ist bei dem Gedanken, abnehmen zu wollen. Wenn Sie denken: Ich will heute weniger essen…Ich will nicht so viel essen…Ich will nicht essen…

Woran denken Sie dann die meiste Zeit? Genau! Ans Essen! Sie denken also die ganze Zeit an genau das, was Sie ja tunlichst nicht tun wollen…

[1]Bei so viel Aufmerksamkeit bleibt der vermeidungswürdige* Heißhunger nicht mehr fern.

Vielleicht kämpfen Sie noch ein bisschen mit sich...Aber die ständigen Gedanken, die sich um die Vermeidung des ESSENS drehen, zermürben Sie mehr und mehr...

...Und schon erliegen Sie dem Riesen namens ESSEN...

Für Ihre Inkonsequenz verurteilen Sie sich dann, was natürlich einen tiefen Frust auslöst und Sie wiederum innerlich auf die Suche nach Trost gehen lässt.

Und was kann so schön trösten wie süße Naschereien, die unseren Körper kurzfristig mit dem Glücksstoff Serotonin versorgen. Es ist wie Tränentrocknen... Aber eben nur KURZFRISTIG! Und dann?

Geht die Sache mit der Selbstverurteilung mit Frusttendenz wieder von vorne los und der nächste Tröster muss her...

Und das Ganze nur, weil Sie daran gedacht haben, was Sie auf KEINEN FALL tun wollen!

Also, wie Sie sehen, so kann es nicht erfolgsversprechend funktionieren.

Und so ist es besser:

Sie wenden sich einfach den Dingen zu, die SIE WOLLEN und lassen Ihre Energie in diese Richtung fließen.

---

*Sie denken, dieses Wort gibt es doch gar nicht? Sie haben völlig recht! Ich habe es gerade erfunden und für grandios passend befunden.

Dann ist Ihr Focus auf „positiv" bzw. „Erfolgsorientierung" gestellt. Und alles, was hinter Ihnen liegt, verdient lediglich die Anerkennung, durch diese gelebten Erfahrungen genau zu wissen, wie es für Sie nicht funktioniert und verleiht Ihnen insofern Weisheit und Erkenntnisreichtum. Oftmals müssen wir im Nachhinein feststellen, dass wir aus negativen Situationen sehr viel Stärke, Klarheit und Kraft ziehen konnten und es sich ab und zu sogar als ein regelrechter Glücksfall herauskristallisierte.

Wie gesagt- im NACHHINEIN! Was wir natürlich zum besagten Negativ-Zeitpunkt nicht wissen und bei Leibe nicht als positiv empfinden konnten.

Rückwärts gesehen macht das Leben oftmals einen ganz anderen Sinn...aber wir leben ja -Gott sei Dank-vorwärts.

Folgen wir doch einfach einmal der Annahme, dass sich hinter jeder Situation und jedem Verhalten eine positive Absicht verbirgt. Nur mal so als These...

Die Möglichkeiten, die sich hinter dieser und ähnlichen Thesen wiederum verbergen, sei nun aufgrund der Komplexität ein eigenes Kapitel gewidmet.

...Mal ehrlich: Ist das Leben nicht ein wunderbares Puzzlespiel...?

Gott fragte einmal einen weisen Mann, wo er sich denn verstecken könne, damit die Menschen ihn nicht sofort finden.

Der Weise gab zur Antwort:

Versteck Dich in ihnen selbst. Da werden Sie am wenigsten suchen... Recht hatte er!

I FOUND JESUS, RIGHT BEHIND THE SOFA...

8

Von Grundannahmen, die uns das Leben sehr viel leichter werden lassen

Diese Grundannahmen, von denen ich spreche, stammen aus der Methode des NLP (Neurolinguistisches Programmieren).

NLP wurde Anfang der 70er Jahre von dem Informatikstudenten und Gestalt-Therapeuten Richard Bandler und dem Linguistik Professor John Grinder im Rahmen eines gemeinsamen wissenschaftlichen Projekts entwickelt. Innerhalb ihrer Forschungen stellten sie Grundannahmen zusammen, deren Einsatz die Grundlage für eine harmonischere Kommunikation, ein entspannteres Selbstbild und den Blick auf die Fülle des eigenen und globalen Potentials offenlegt.

Ich möchte Ihnen diese wunderbaren Gedankenansätze nicht vorenthalten, zumal sie von wirklich weisen Köpfen erdacht wurden und mittlerweile kampferprobt das Leben und die Kommunikation vieler Menschen bereichern und erleichtern konnten.

Teil des wissenschaftlichen Projekts war es, herauszufinden, warum manche Menschen im beruflichen sowie privaten Miteinander erfolgreicher und harmonischer ans Ziel kommen als andere.
Mit einem speziell auf dieses Phänomen ausgelegten Fragebogen interviewten sie bedeutende Menschen

auf der ganzen Welt und filterten so die grundlegenden und ihrem Tun vorausgehenden Gedankenansätze und inneren Einstellungen heraus.

Was sich dabei herauskristallisierte sind die nun in diesem Kapitel beschriebenen Grundannahmen mit all den daraus resultierenden Chancen und Möglichkeiten.

Gleich zu Beginn will ich auf die bereits erwähnte These kommen.

Hinter jedem Verhalten und jeder Situation steckt eine positive Absicht

Der Volksmund würde sagen: „Wer weiß für was es gut ist…“(Was für ein kluger Mund!)

Der Vorteil dieses Denkens liegt klar auf der Hand: Es macht Sie wesentlich entspannter und lässt Sie bei kleinen Ärgernissen nicht gleich einen Weltuntergang heraufbeschwören. Sie bringen sich, durch Einsatz dieses Gedankens, einfach schneller wieder in ein positiveres Fahrwasser, was letztendlich Sie und Ihre Gesundheit schont.

Sagen wir mal so: Schlimmstenfalls wäre ein erlittener Herzinfarkt ja auch *IHR* Problem und hätte wenig Auswirkungen auf die Sache, die Sie gerade so derart aus der Reserve gelockt und verärgert hatte. Umfallen würden SIE…und das Ärgernis würde stehen bleiben und sich vielleicht auch noch freuen, so eine große Bedeutung erlangt zu haben…

Also sehen Sie diese These schon einmal als Geschenk an, in vielen Situationen zu hinterfragen, was Ihnen diese oder jene negative Situation eventuell vermitteln könnte oder auch als Chance bereithält.

So könnte man ein lästiges, plötzlich auftretendes Kränkeln als Notbremse willkommen heißen, seinen Turboschritt durchs Leben einmal zu überdenken, bevor z. B. eine schlimmere Erkrankung mit

Nachdruck Ihre Flexibilität und Lebenspower massiver eindämmen könnte.

Um ein weiteres, alltägliches banales Beispiel zu nennen: Ich neige dazu, mich über das „Geblitzt-Werden" beim Autofahren derart aufzuregen, dass durch Schreck und Wut ausgelöst, Gedanken wie „Kopfgeldjäger", „sadistische Volltrottel" durch meinen Kopf hallen. Und das, obwohl ich ansonsten eigentlich ein friedliches Wesen innehabe!

Am liebsten würde ich sofort den Wagen wenden, um den Blitz-Leuten, die da schön entspannt lesend oder Musik hörend ihren Arbeits-Alltag fristen, gehörig die Meinung zu sagen und ihre blöde Kamera ins Nirwana zu katapultieren...

Ohhhhh, was können einen diese Blitz-Situationen wütend machen!!!

Aber dann...- *stellen Sie sich jetzt bitte das Einsätzen von Geigenstreichern vor...*-

aber dann kommt ja unsere These zum Zuge, dass alles eine positive Absicht hat.

*Bitte sehen Sie jetzt alles, wie in einer Margarinewerbung...in Zeitlupe, in schwebende Leichtigkeit getaucht ...mit lachenden, zufriedenen Gesichtern...*Und in dieser These fragen wir uns: Was will mir dieser Blitzer jetzt sagen?

Schwebende, fragende Gesichter...

KRRRRRRRRR Der Film läuft wieder normal...

Zum Beispiel könnte mir der Blitzer meinen Reichtum bescheinigen! Dieses „Knöllchen" kann ich mir glatt leisten. Isses nich beruhigend? Seitdem ich das als

Ergebnis für mich gefunden habe, fahre ich in finanziellen Härtezeiten tatsächlich manierlicher, weil mir dieses Strafgeld ganz einfach zu schade wäre...

Denken Sie beim nächsten Blitzen mal an mein Beispiel! Auch, wenn es zugegebenermaßen sehr kreativ aus der haarigen Trickkiste gegriffen ist, werden Sie vermutlich schmunzeln müssen. Und beim Schmunzeln können Sie erst einmal nicht wütend werden und bei allem was wir jetzt übers Schmunzeln und Lächeln wissen, kann das nur gut für Sie und Ihre Seele sein!

Und wenn Sie in dieser Situation schon mal gerade dabei sind zu schmunzeln, können Sie doch gleich das Schmunzeln zum Lächeln ausweiten und Ihre Stimmungsübung machen!

Sehen Sie, selbst anhand so eines banalen Beispiels kann man schon erkennen, welch aufmunternde Wirkung und Tragweite diese These hat, oder?

Und nun einen TUSCH mit HAPPY-END-FEELING!!!!!

Es gibt immer mindestens 3 Möglichkeiten

Oftmals fühlen wir uns in Entscheidungsfragen, ob nun schwarz oder doch lieber weiß, völlig hin und her gerissen und vergessen all die Grautöne, die dazwischen auch noch als erweiterte Möglichkeit existieren.

Wenn Sie in so einer Situation sind und sich bewusstmachen, dass es mindestens noch eine dritte Möglichkeit als Erweiterung Ihres Handlungsspielraums gibt, entkrampft das Ihr Denken famos und Ihr innerer Zustand ist wesentlich relaxter.

In vielen Situationen gilt auch diese schöne Formel:

Love it Leave it or change it

die ebenso diese mindestens 3 Möglichkeiten zur Sprache bringt.

Du liebst es (was auch immer...). Dann ist es gut!

Du liebst es nicht und bist unzufrieden? Dann verlasse es!

Du kannst dich nicht von der Sache/ der Person/ der Gegebenheit lösen? Dann verändere es dahingehend, dass du damit klarkommst und trotzdem wieder zu deiner Zufriedenheit findest.

Zu diesem letzten Punkt möchte ich sagen, dass auch hier wieder die Fußsohlen-Übung sehr helfen kann. Sie wissen doch: Erst einmal auf sich selbst besinnen, zu sich selbst kommen, seinen eigenen Instinkten lauschen lernen und diesen dann auch Vertrauen zu schenken. Ein grummelndes Unbehagen hat letztendlich immer Recht! Auch, wenn das manchmal sehr unbequem ist zu akzeptieren!

Wir Menschen sind von unseren Anlagen her instinktmäßig sehr gut ausgestattet, schon um in der Wildnis bestehen zu können und eine Chance auf Nahrung zu haben, ohne bei jedem Versuch daran zu scheitern, selbst Nahrung zu werden. Nämlich für die umherstreifenden fleischfressenden Tiere... Diese Instinkte machen sich heute immer noch genauso bemerkbar, durch die unterschiedlichsten Symptome und Reaktionen unseres Körpers oder auch vorbeihuschender Gedanken.

Aber derweil wir uns heutzutage im Normalfall nicht mehr durch irgendwelche Löwen oder Bären bedroht fühlen, hören wir nicht mehr so genau hin und messen den grummelnden Anzeichen keine weitere Bedeutung mehr bei.

Unsere Bedrohungen sind in unserer zivilisierten Welt nicht mehr ganz so offensichtlich, wie das fauchende Zähne fletschen von wilden Tigern. Heute gilt es eher den Erhalt unserer Existenz, unseres Besitzes und Stolzes zu verteidigen.

Doch ich sage Ihnen, so manch einer erstickt eher an seinen Symptomen, als etwas in seinem Leben zu verändern.

Ich kenne jemanden, der sich lieber seiner ständig anwachsenden Krankheit machtlos ausliefert, als die anstehende Trennung von seiner langjährigen Freundin zu vollziehen. Er könnte ja die Partnerin und sein Image als treuer Saubermann verletzen.
Da entscheidet er lieber, sich weiter seiner inneren Rebellion zu stellen, jeglichem Hinweis auf eventuelle psychische Zusammenhänge wissentlich auszuweichen, bis dass der Tod ihm weitere Entscheidungsfragen abnimmt. Hauptsache, er hat nichts Unangenehmes gemacht, was man ihm vorwerfen könnte und die trauernde Hinterbliebene hält ihn in gutem Andenken. Amen!

Leider ist dies eine wahre Geschichte. Der hier beschriebene Anti-Held ist zwar nicht gestorben, aber die Krankheits-Symptome verdichten sich immer mehr und wenn er nicht bald handeln wird, ist auch der Rest der Geschichte nicht mehr fiktive, sondern traurige Realität.

Wo er, und Sie natürlich auch, doch immer mindestens drei Möglichkeiten in Ihrem Handlungsspektrum haben!

Da fällt mir doch glatt eine Liedzeile von einem Friedrich Holländer-Lied ein:

Ich wär so gern ein Sexappeal…

oder Siebenappeal…

oder Achtappeal.

Mir wär kein Sexappeal zu viel.

Im Gegentiel!!!!

In diesem Sinne:

Ob eins zwei oder drei
Du musst Dich entscheiden
drei Felder sind frei!

Es gibt keine Zufälle

Oh…, ich höre die Kritiker aufschreien!

Keine der Thesen wird so kontrovers diskutiert wie diese.

In all meinen Seminaren hat es immer großen Aufruhr bezüglich dieses Gedankens gegeben. Einige Teilnehmer sahen sich durch diese Sichtweise einer schicksalsgebundenen Lebensvorgabe ausgesetzt, ohne die Möglichkeit eigener Mitbestimmung, geschweige denn eigener Gestaltungsmöglichkeit und wehrten sich mit Händen und Füßen gegen diese Behauptung.

Lassen Sie sich einmal auf einen Gegenbeweis ein: Warum haben Sie sich genau für dieses Buch entschieden und sind immerhin nun schon auf Seite 76. Purer ZUFALL?

Ich sehe es nicht als ZUFÄLLIG an, dass wir quasi miteinander zusammenhängen.

Ich mit meinem tiefsten inneren Wunsch, all diese wunderbaren Tools, die das Leben verschönern können, weiterzugeben und Sie als mein Leser, dem diese Tipps und Gedankenansätze wiederum weiterhelfen können zu Ihrem angestrebten Ziel der „Leichtigkeit des Seins".

An dieser Stelle möchte ich Sie herzlich umarmen und Ihnen sagen, dass es mich unendlich stolz macht, Ihre Lachfältchen genauso strapazieren zu dürfen, wie Ihre Gehirnzellen auf dem gemeinsamen Weg, mit Lust und Energie durchs Leben gehen zu wollen.

Aber nun zurück zu dem Gegenbeweis:
Sie kennen doch sicher auch diese Momente und Geschichten, wenn man plötzlich und GANZ „ZUFÄLLIG“ die z. B. passende Literatur entdeckt oder sich beispielsweise während einer Zugfahrt zwischen Bochum und Duisburg die mitreisenden Gesprächspartner als Lieferant einer heißersehnten Information erweisen…oder zwei Menschen, die in ein und demselben Aufzug steckenbleiben und sich ineinander verlieben. WELCH „ZUFÄLLE“!!!!

Sie kennen diese Dinge. Teils ist es Ihnen schon selbst widerfahren, teils hören Sie davon.

Und genauso viele Leute bleiben im Aufzug stecken und verlieben sich übrigens nicht ineinander…Und es gibt ebenso viele Zugfahrten, wo zwar etliche Mitreisende anwesend sind, aber keiner von ihnen in irgendeiner Form auch nur ansatzweise eine Informationsquelle Ihrer Interessengebiete darstellt.

Also, was jetzt…wie jetzt…?

Ich werde die These konkretisieren: Es ist NIE ZUFÄLLIG, wie Sie auf bestimmte Gegebenheiten reagieren bzw. Sie diese bewerten. Weil es davon abhängig ist, wie Ihr Fokus zurzeit ausgerichtet ist. Das heißt, Ihr Unterbewusstsein, welches sich gerade mit irgendeiner Frage oder einem Bedürfnis auseinandersetzt, steuert so ganz nebenher diese angeblichen „Zufälle".

So bummeln Sie in Gedanken und ohne jede Absicht durch die Stadt und finden „rein zufällig" ein super inspirierendes Buch, welches Sie gerade wunderbar zur weiteren Planung Ihres nächsten Projekts gebrauchen können.

Also ZUFALL!? Nein! Ich garantiere Ihnen, dass Otto M. von nebenan eben dieses für Sie begehrenswerte Buch völlig übersehen hätte, weil er in keiner Weise mit derartigen Themen auch nur ansatzweise zu tun hat und es daher schlichtweg nicht gebrauchen könnte. Stattdessen würde er gleich mit leuchtenden Augen zu der neusten Ausgabe von *„Gestalten von Ködern leicht gemacht"* greifen, welches Sie ihm wiederum problemlos und völlig kampflos überlassen können, derweil Sie dieses Thema nicht interessant finden und sehr wahrscheinlich nicht einmal eines Blickes würdigen. Jedem sein eigener „Zufalls"-griff!

ABER ES GIBT DOCH GAR KEINE ZUFÄLLE!!!

Nein, die gibt es der These nach nicht. Weil es mit unserem Fokus zusammenhängt und worauf wir diesen gerade eingestellt haben.

Unser Hirn hat nur begrenzte Kapazitäten und filtert alles derart, dass nur das, was gerade notwendig und im Interessenfokus liegt, in unser Bewusstsein dringt. Bei Ihnen das bereichernde Projektbuch und bei unserem Herrn Otto M. das Buch seiner heißgeliebten Köder…

Das Wunderbare ist, dass man durch das Wissen dieser „Es gibt keine Zufälle-Formel" bei manch einem Ding oder einer Gegebenheit erst einmal innehält, bevor man es als unwichtig aus seinem Dunstkreis ausschließt… Es könnte sich ja hinter besagten Ding eine super Chance verstecken oder gar ein SCHATZ!!!! (so wie in unserem Aufzug-Beispiel der Ehepartner in spe)

Außerdem erhöht es Ihre Wachheit, Sensibilität und Neugierde auf Ihre Umgebung und Mitmenschen, wenn Sie beginnen davon auszugehen, dass es nun mal kein Zufall ist, gerade jetzt und mit genau diesen Personen z. B. an der Supermarktkasse zu stehen, im Fitnessstudio zu trainieren oder im Großraumbüro täglich zu kommunizieren… Vielleicht hält das Leben ja gerade durch diese komplizierte Frau X eine neue Lektion oder letztendlich bereichernde Erfahrung für Sie bereit…Wie schon besprochen, wir lernen und wachsen ja auch an unangenehmen Situationen.

Diese Wachheit macht einen wunderbar lebendig! Und mal ehrlich, so gesehen, erstrahlt doch selbst die besagte komplizierte Frau X in einem anderen Lichte, oder?

In der Kommunikation zählt nicht die Absicht, sondern nur das, was beim Empfänger ankommt bzw. ausgelöst wird

Dazu eine kleine Geschichte:

Eine Frau sitzt am Steuer ihres Autos, der Beifahrer erzählt ihr etwas. Aufgrund der rummeligen Straßenverhältnisse wird sie beim Zuhören in Ihrer Aufmerksamkeit abgelenkt und bittet den Beifahrer seine Geschichte zu wiederholen. Dieser sieht es gar nicht ein, weil er meint alles einmal erzählt zu haben, und die Fahrerin selbst schuld sei, jetzt nichts mitbekommen zu haben…

Toller Typ, oder? Ein Beispiel, wie es möglichst nicht ablaufen sollte und dem Wesen von gelungener Kommunikation in keiner Weise entspricht. Denn was ist bei unserer Empfängerin hängen geblieben? Nichts von der Information, sondern letztendlich nur Wut und Verzweiflung über diese saublöde Reaktion des Typen.

Wenn etwas bei dem Gesprächspartner nicht richtig ankommt, könnte es zugegebener Weise natürlich an der sogenannten „Doofheit" des Empfängers liegen. Aber im Sinne einer harmonischen Kommunikation sollten wir von diesem Umstand in der Regel nicht ausgehen. Nehmen wir mal den Normalfall, der dem Anspruch unterliegt, verstanden werden zu wollen. In diesem Fall liegt es an dem Geschick des Senders, seine Information empfängergerecht zuzubereiten und zu gestalten.

Wenn etwas nicht gleich verstanden wird, muss man die Informationen vielleicht nur in einer anderen Frequenz vermitteln, oder mit Bildhaftigkeit ausschmücken, um sie für das Gegenüber interessanter und begreiflicher zu machen. Manchmal muss man auch einfach nur lauter und deutlicher sprechen oder einen passenderen Zeitpunkt abwarten, zu dem die Botschaft auf empfangsbereite Kanäle stößt und so überhaupt aufgenommen werden kann.

Die Verantwortung liegt also immer bei demjenigen, der sendet. Er hat sich im Idealfall insofern auf den Empfänger einzustellen, als dass er seine Aussage so gestaltet, dass sie von seinem Gegenüber verstanden wird.

In Schulen werden Aufgaben zwar mehrfach erklärt, aber solang die Erklärungen immer dem gleichen Prinzip oder Konzept folgen, werden trotz mehrfacher Wiederholung immer noch einige Schüler dem Lernstoff nicht folgen können. Um möglichst viele, bestenfalls alle Schüler zu erreichen, ist es wichtig, verschiedene Herangehensweisen zu entwickeln und anzubieten!

In der These steckt aber noch mehr: Sie gibt einem die Verantwortung auch für das Gelingen von Plänen und Wünschen in die Hand.

Diese Erkenntnis traf mich wie ein Schlag. Ein weiteres Kilo Selbstverantwortung auf der mir eh schon bewussten Selbstverantwortung für mein Tun. Sollte ich tatsächlich auch noch das Scheitern und Ausbleiben von Dingen, die ich mir in der

Vergangenheit zum Beispiel beruflich so sehr gewünscht hatte, selbst übernehmen?

Hatte ich nicht alles versucht? Hätte ich noch mehr unternehmen können und müssen, um die Weichen in Richtung Erfolg und Erfüllung zu stellen?

Aus heutiger Sicht muss ich sagen: Ja, ich hätte können! Bzw. heute kann ich! Aber heute stelle ich auch die besseren Fragen und beherrsche das machtvolle Geschick des Umformulierens.

Heute frage ich:

Habe ich wirklich schon alles versucht?

Wissen die potentiellen Kunden und Entscheider eigentlich von meinen Fähigkeiten, Angeboten bzw. Absichten?

Solange man nur „stets bemüht“ gewesen ist, muss vielleicht die Strategie oder gar das Produkt verändert werden, um der Erfüllung Ihrer Träume näher zu rücken.

Die damalige traurige Erkenntnis *„Es sollte ganz einfach nicht sein.“* würde ich heute dementsprechend abdämpfen, indem ich ihr den frustrierenden Aspekt der Endgültigkeit nehmen würde. So würde ich heute sagen:

Es sollte <u>in diesem Falle</u> nicht sein.

Es sollte <u>mit diesem</u> Menschen nicht sein.

Es sollte <u>zu diesem Zeitpunkt</u> noch nicht sein.

Dadurch stellt sich nämlich nicht das frustrierende Gefühl ein, die Flügel resigniert hängen lassen zu müssen und an einem Endpunkt angekommen zu sein. Sondern impliziert die Möglichkeit, dass das Ziel zu einem anderen Zeitpunkt, auf einem anderen Wege, mit einem anderen Produkt oder auch mit anderer personeller Besetzung erreicht werden kann.

Ich sage Ihnen, das Scheitern einer Sache wird viel zu oft überbewertet und als Urteil empfunden, nie wieder etwas Vergleichbares ausprobieren zu können. Dabei brauchen wir doch einfach einmal einen Blick auf die Lebensläufe verschiedener erfolgreicher Persönlichkeiten zu werfen, um festzustellen, wieviel Scheitern und Neuanfänge deren Weg gepflastert hat, um da anzukommen, wo sie allgemein als erfolgreiche Persönlichkeiten endlich Beachtung fanden. Die innere Einstellung, auf dem Weg seinen Leidenschaften und Zielen zu folgen und wenn nötig, Wege und Strategien zu verändern, um besagte Ziele zu erreichen, trennt die sogenannte Spreu vom Weizen.

Scheitern kann jeder! Aber wieder aufzustehen, sich einmal zu schütteln, um dann direkt wieder einen neuen Lageplan zu zeichnen, bis dass der Schatz geknackt ist, das ist die wahre Kunst des Erfolgs.

Und Sie wissen doch: Wer weiß, wofür es gut war – dieses Scheitern. Auf welchen Pfad der Weisheit es Sie vielleicht im Endeffekt gelenkt hat.
So, jetzt aber genug der komplizierten Erklärungen. Wie Sie sehen, ist der Weg zur Leichtigkeit bisweilen holperig und führt von hinten durchs Auge und dann doch zur Erkenntnis! Hauptsache es kütt…hätte meine Oma da jesacht

Jeder hat alles in sich, was er braucht

Ist das nicht eine schöne Grundannahme?

Ich finde, schon allein dieser Gedanke lässt uns wohlig warm fühlen und ein kleines Lächeln entlocken... (und Sie wissen ja, was Sie jetzt mit diesem Lächeln zu tun haben! Nämlich größer werden lassen – halten – und GENIESSEN!)

Das Wissen, alles in sich zu haben, was man braucht, durchflutet nahezu jede Zelle mit tiefem Selbstvertrauen und Zuversicht. Es ist das gelebte Gefühl von Barak Obamas „Yes, we can!“, und ermöglicht uns, über sämtliche Tellerränder zu gucken, die uns auf unserem Weg begegnen.

Und welche Tellerränder, Horizonte und Herausforderungen voller Vertrauen erklommen werden wollen, hängt ganz von jedem Einzelnen und den dazugehörigen Lebensplänen ab. Nehmen wir z. B. unseren Otto M. Der braucht natürlich ganz andere Stärken und Fähigkeiten, als z. B. Sie. Aber auch er kann darauf vertrauen, dass er für sein Leben alles in sich hat, um es zu bewältigen und noch wichtiger, um seine Erfüllung zu leben.

Johann Wolfgang von Goethe sagte dazu:
„Der Wunsch impliziert schon das Talent der Vollendung.“

Wenn Sie also Träume und Wünsche haben, vertrauen Sie ganz einfach auf sich und Ihre Fähigkeiten. In

Extremsituationen können wir Menschen oftmals über uns hinauswachsen und setzen Kräfte, Instinkte und Energien frei, die wir vorher nicht für möglich gehalten hätten. Setzen Sie genau dieses Potential doch für das Erlangen Ihrer Ziele ein. Sie wissen doch jetzt: Sie haben alles in sich!

Aber noch ein Aspekt steckt in dieser Aussage: Wenn jeder alles in sich hat, was er braucht, betrifft das uns selbst, aber ebenso unsere Mitmenschen!

Wenn Sie Verantwortung für Andere tragen, kann dieser Gedanke eine ganze Portion Entspannung vermitteln. Und wie bereits erwähnt, fördern wir unsere Mitmenschen beim Ausbau ihrer Stärken und Kompetenzen, indem wir ihnen Vertrauen bezüglich ihrer Fähigkeiten schenken…

Ich habe da ein sehr schönes Beispiel:

Während Dreharbeiten in Sri Lanka wollte ich in meiner freien Zeit Wasserski fahren. Dies wurde im Bentotafluss angeboten, der übrigens ein paar Kilometer weiter oben auch bekannt für sein Krokodilaufkommen war. Ich hatte vorher kaum Erfahrung mit dieser Sportart und war schon sehr gespannt, wie es laufen würde.

Ich kam erstaunlich gut raus aus dem Wasser und fuhr eine Weile dem Boot hinterher. Plötzlich rief mir der Bootsmann zu, ich solle auf den Mono-Ski umsteigen!

„Aha,!“, dachte ich begeistert. “Ich scheine ein Naturtalent zu sein! Super, dass er mir sofort das Monoski-Fahren zutraut!“ Nach kurzem Abklären auf welchen der beiden Skier ich nun umsteigen musste, tat ich es einfach! Ich hatte ja das volle Vertrauen in meine Fähigkeiten durch den kompetenten Bootsmann.

Nach ein paar Metern bin ich zwar ins Wasser gefallen, war aber stolz über mein anscheinend grandioses Wasserskifahr-Talent!

Dann kam der Bootsführer mit seinem Boot zu mir geschippert, um mich „einzusammeln" und mich vor eventuell herbeieilenden Krokodilen zu retten.
Plötzlich guckte er mich ganz verdutzt an und sagte doch tatsächlich zu mir: „Ach, Sie sind das ja gar nicht! Ich habe Sie mit einer Frau verwechselt, die Mono Ski fahren kann!"

Stellen Sie sich das mal vor! Und ich bin einfach mal eben von zwei auf einen Ski gestiegen!!!

Und das mit den Krokodilen im Nacken!!!
Tja, so funktioniert das mit dem Vertrauen!

Körper, Geist und Seele hängen eng miteinander zusammen

Der Körper lächelt. Der Geist fragt: "Was lächelt der denn so? Gibt es denn einen Grund dazu?" Er wendet sich an die Seele: „Der Körper lächelt. Hast Du was mitgekriegt, weißt Du warum?" Die Seele antwortet: „Warum ist mir egal. Danke, dass Du mir Bescheid gesagt hast. Ich beginne schon zu schweben. Hach, mir wird so leicht und wolkig..."

Genauso, wie wir unsere Seele von außen durch einen willentlichen Körperimpuls beeinflussen können, so können wir durch eine positive Grundeinstellung z. B. unserem Herz-Kreislaufsystem einen großen Gefallen tun und mit Gelassenheit umgarnen. So verwöhnte, geschützte Organe pumpen und arbeiten in entspannten Rhythmen und lassen uns in Ruhe denken und Imperien kreieren.

Uff, mal wieder Zeit für ein entspannendes Zwischenkapitel!

Jetzt sind Sie mit Weisheiten vollgestopft und, wie ich hoffe, auch mit dem kribbligen Gefühl gleich loslegen zu wollen, sich und die ganze Welt zu retten und wolkengleich kommenden Herausforderungen die Stirn zu bieten. Sehr gut!

Oftmals kommen die hier beschriebenen Herausforderungen auf Beinen daher spaziert und bringen unsere frisch gestrichene positive Einstellung schwer ins Wanken.

Gerade Menschen, die beruflich Kundenkontakt haben, können von den haarsträubendsten Vorfällen berichten, bei denen Sie trotz guter Laune und eigentlich positiver Einstellung einfach nur noch in die Luft gehen wollen und, nachdem der Griff zur HB nicht mehr zeitgemäß ist, sich der Willkür der komplizierten Kunden hilflos ausgeliefert fühlen.

(Für alle jüngeren Leser: HB hieß eine Zigarettenmarke, die in ihrer TV-Werbung dem völlig außer sich geratenen Strichmännchen den Tipp gab lieber zur besagten HB zu greifen, als wütend „in die Luft zu gehen"...)

Um auch in diese Art Kommunikations-Vorkommen mehr Leichtigkeit einziehen zu lassen, ist es grundlegend förderlich dem Wesen der Kommunikationsprozesse auf den Grund zu gehen. Et voila: Diesbezügliche Erkenntnisse warten im nächsten Kapitel.

Von Inseln und Reptilien

Welche Assoziationen kommen Ihnen, wenn Sie den Titel dieses Kapitels lesen?
Von Strand – Wellen – wilder Natur – Dschungel – Wasserfällen…?

Den pragmatischeren Lesern unter Ihnen fällt vielleicht sofort das gefahrdrohende Surren der Mosquitos ein, das T-Shirt, welches unangenehm am Leibe klebt, das improvisierte Zähneputzen mit Mineralwasser und Sand auf der Kameralinse bzw. zwischen den Zähnen…
Stimmt! Sie haben alle Recht!
Aber Halt! Stopp! War nicht von einem Kapitel über Kommunikation die Rede?
Darüber, wie man mehr Harmonie in eben Selbige*[2] bringen kann?

Ja, genau und deshalb beginnen wir bei den Inseln!
Die Insel-Metapher hat die von mir bereits erwähnte und zutiefst verehrte Vera Birkenbihl in ihrem Buch über Kommunikation wunderbar auf den Punkt gebracht.

Also: Jeder von uns lebt quasi auf, um nicht zusagen in seiner eigenen Insel. Alles Erlebte, Erlernte, Gefühlte wird auf dieser Insel abgespeichert und wie ein Netz aus Erkenntnissen und Verknüpfungen miteinander verwebt. Je mehr wir wissen, desto dichter ist unser Informations- und Erkenntnis Netz und umso leichter bleiben neue Inhalte in den engen

---

*Schönes Wort, oder?

Maschen des Wissens hängen und sind dadurch schneller zu verstehen und langfristiger abgespeichert.

Völlig Unbekanntes, welches keinerlei Halt und Assoziation in unserem Inselnetz findet, fällt durch. Es entfällt uns dann mal eben schnell wieder.

Können Sie sich noch an Ihre Vokabel-Lern-Zeit erinnern? Es gab einfach immer wieder welche, die man sich nicht merken konnte. Dagegen setzten sich einige derart fest, dass wir sie heute noch runterleiern könnten. Was ist da passiert? Ganz einfach:
Die Vokabeln, die uns leicht lernbar erschienen, waren diese, die wir irgendwo ableiten konnten. Sie klangen z. B. ähnlich wie in einer uns bekannten Sprache, sind im Wortschatz bereits gebräuchlich, oder schienen vom Ton genau zu der Bedeutung zu passen. Irgendetwas konnte also in unserem Hirn-Netz einen Haltegriff finden und sich so (zumindest kurzfristig) bis zum Vokabeltest festhalten. Bei den Vokabeln, die einfach „nicht in unser Hirn gingen" fand keine Verknüpfung mit irgendeiner Stelle unserer Netzverknotungen statt.
Es ist wie der freie Fall in ein Netz von Lianen und Ästen, wo keine Verästelung Halt bietet und man so, wie man reingesprungen ist, einfach durchrutscht. Im Gegensatz zu uns, die wir vermutlich nach so einer Erfahrung überall geschunden, zerkratzt und grün und blau unten ankommen, ist im Fall der Vokabel der einzige Leidtragende der Schüler, der sich den Kopf nach „Eselsbrücken" und sonstigen

Verknüpfungsmöglichkeiten zerbricht, um nicht kläglich an einer schlechten Note zu scheitern.

So laufen wir also alle mit unseren eigenen Inseln inklusive Erfahrungs- und Wissensnetz durch die Gegend. Derweil unser Thema ja Kommunikation ist, lassen wir jetzt einfach einmal zwei Menschen mit ihren Inseln aufeinandertreffen. Um es ein bisschen interessanter zu machen, wählen wir einen Mann, Herr A und eine Frau. Frau B.

Sie stehen da und mustern sich.

Lassen wir Herrn A mal winken.

Was passiert?

Da gibt es verschiedene Varianten wie Frau B reagiert:

a) Oh, der winkt aber freundlich! Netter, offener Mensch. Ich schenke ihm ein strahlendes Lächeln.

b) Was ist das denn für ein Heini? Mir einfach so zu winken. Was fällt dem ein! Billige Anmache!

c) Da winkt einer. Ob der mich meint? *Dreht sich suchend um.* Kenne ich nicht. Der meint mich bestimmt nicht… und muss mich verwechseln. Was sollte er auch gerade von mir?…Ich guck lieber weg!

d) Da gibt einer komische Zeichen. Was soll es bedeuten?

e) Da warnt mich einer. Ich sollte besser von hier verschwinden…

Lassen Sie uns mal gucken, welche Insel-Netz-Erfahrungswerte der Reaktionen von unseren hier genannten Frauen B wohl vorausgegangen sind.

a) Unsere erste Frau B hat entspanntes Winken als positives sozial-gesellschaftliches Ritual kennen gelernt und hat ein entspanntes und humorvolles Verhältnis zum anderen Geschlecht.

b) Frau B hat auf „ihrer Insel“ augenscheinlich erfahren müssen, dass man nie zu nett sein darf, um den nötigen Respekt und Sicherheitsabstand bei Männern zu erhalten. Demnach empfindet sie das Winken als Anmache. So geht sie auf Nummer sicher und wird auf keinen Fall nett, sondern abweisend reagieren.

c) Frau B ist anscheinend eine unsichere Frau, die sich ihrer eigenen Wertigkeit nicht bewusst ist und auf keinen Fall auffallen will. Sie ist in der Vergangenheit sehr wahrscheinlich nicht mit

Bestätigung und Komplimenten überschüttet worden.

d) Frau B ist in Wirklichkeit eine Spionin vom Mars, die sich in heimlicher Mission möglichst unauffällig unter die Menschen mischt, um sie zu studieren und einschätzen zu lernen.

e) Frau B ist eine Frau aus einem verbrecherischen oder auch kriegsbesetzen Umfeld und voller Anspannung auf Verstecken, Misstrauen und Überleben programmiert.

Wie Sie sehen, kann eine einzige Geste derart unterschiedliche Reaktionen auslösen.
Und dabei ist noch kein einziges Wort gesprochen worden!
Aus dieser Sicht betrachtet ist es doch eigentlich erstaunlich, dass es immer wieder Momente des Einverständnisses unter den Menschen gibt!

Wenn Menschen also miteinander kommunizieren, agiert jeder von seiner eigenen Insel aus.
Mit all seinen Vernetzungen, Gefühlen, Ängsten, Schlussfolgerungen und Leidenschaften.
Zum „Inselkapern" gilt es eine Überschneidung der anderen Insel zu finden.

Gucken wir uns doch noch einmal Otto M. mit seinen Anglerködern zum Selbermachen an. Sagen wir mal, er würde Sie einladen, mit ins Boot seines Themas zu kommen und Sie für Köder aller Art begeistern zu wollen.

In diesem Falle kommt es ganz darauf an, ob er in der Art, wie er Sie an sein Thema heranführt, in irgendeiner Weise irgendwelche „Netzteile" Ihrer Insel zum Schwingen bringt. Vielleicht hat er eine wunderbare, erfrischende Sprache, die Ihre Leidenschaft für Literatur und Poesie anspricht, so dass er Sie dadurch leicht in sein Boot locken kann und Sie tatsächlich Ihre Vernetzung noch durch das Wissen über Angeln und Köder erweitern können. Wer weiß, wann man`s mal gebrauchen kann!

Grundsätzlich gilt in schwierigen oder auch noch unbekannten Kommunikationssituationen, den möglichst kleinsten gemeinsamen Nenner zu finden, um so an die Insel des dementsprechenden Gegenübers zu kommen.

Deshalb eignen sich ja diese oft zu Unrecht verlachten Gespräche über das Wetter so wunderbar zum Erklimmen der Insel des Anderen.

Denn WETTER haben alle und zwar immer und überall! Mal mehr oder weniger schlecht.
Ein weiteres Hoch! Und dieses Mal auf diesen unserer aller gemeinsamen Nenner! Hoch, Hoch, Hoch! Auch wenn es manchmal eher ein Tief ist…

Soweit zu den Inseln und ihren Bewohnern. Und nun zu den Reptilien.

UAAAAAHHH!!!

Wir Menschen haben alle noch dieses „historische" Gut in uns stecken, unter anderem in Form eines Reptilien-Gehirns. Es ist ein uralter Anteil, der dazu gemacht war, Gefahr möglichst schnell einschätzen zu können und darauf mit sofortiger Handlungsbereitschaft zu reagieren.

Es springt auch heute noch sofort an, wenn es uns in Gefahr oder Stress wähnt und löst eine Welle von chemischen Vorgängen in unserem Körper aus. Lediglich die Gefahrensituationen haben sich verändert. Wenn unsere Vorfahren früher auf Nahrungssuche voller Anspannung durch die Wälder zogen und die Angst vor wilden Tieren oder tiefen Schluchten ihr ständiger Begleiter war, sind die Stresssituationen in unserer heutigen Zeit eher Dschungel-artige-Streit-und-Sarkasmus-Situationen, die unser Sein und auch unseren Schein gefährden könnten.

Sofort erwacht das aufmerksame Reptiliengehirn und stellt alles in uns auf Kampf ein.
Derweil so ein Kampf in der damaligen Zeit eher Reaktionsvermögen, Mut und Handlungsbereitschaft erforderte, lässt das Reptil in uns eine Art Nebel herauf wabern, der unser Gehirn im wahrsten Sinne des Wortes „vernebelt“ und wir nicht mehr klar denken können. So gestaltet ist alles in uns auf Abwehr geschaltet, was jeglichen Intellekt oder gegebenenfalls ansässige Vernunft zum Erliegen bringt. Und das hört sich dann ungefähr so an:

„Hast Du nicht!“ „Hab ich doch!“
„Hast Du nicht!“ „Hab ich doch!“
„Nein!“ „Doch!“
„Nein!“ „Doch!“
„Idiot!“ „Selber!“

Was ist also zu tun, damit wir unseren historischen Anteilen nicht einfach so ausgeliefert sind?

Wir können beispielsweise den Nebel senken.

Jawohl! Also, erst einmal, indem wir durch das Einverleiben sämtlicher selbstbewusster und sanftmütiger Gedankenansätze innerlich derart gestärkt sind, dass wir aufgrund unserer inneren Einstellung, nicht mehr so schnell auf Verteidigung und Krawall aus sind. Wenn der besagte Nebel aber trotzdem, wie an einem Herbsttag in London, in unsere Kommunikation hineinzieht, heißt es jetzt: Aufpassen, um den Gesprächspartner auf seiner Insel wieder vorsichtig in die Gefilde der Sicherheit und Entspannung zu geleiten. Mit entschärfenden Worten und besänftigenden Handlungen wird das Reptil beruhigt, auf dass es vom Streite ablasse, sich der Nebel langsam senke und die Vernunft wieder ins Hirn Einzug halten kann.

Erst dann ist etwas möglich, was sich als echte Kommunikation bezeichnen lässt.

Hier ein paar Techniken zum Lichten des psychologischen Nebels:

- Den anderen durch Freundlichkeit umgarnen.
- Mein Gegenüber mit Tatsachen, die offensichtlich sind, in eine Haltung der Zustimmung versetzen.
- Das Herauskristallisieren gleicher Interessen-Nenner sofort schamlos ausnutzen und das Gespräch gezielt darauf zusteuern.
- Bei sich selbst bleiben und gut auf sich aufpassen, damit der eigene Nebel unter Kontrolle gehalten wird, um das Denkvermögen möglichst klar zu halten.
- Geäußerte Bedürfnisse des anderen wiederholen, um so Bereitschaft zu signalisieren, dem anderen gedanklich zu folgen.

Zwischenkapitel:

Nachdem wir jetzt auch noch Insel- und Reptilienkundig geworden sind, dürfte eigentlich unserer angestrebten „Leichtigkeit des Seins“ nichts mehr im Wege stehen. Mit sämtlichen Werkzeugen für diese oder jene Eventualität ausgestattet, werden ehemalige Probleme zu Herausforderungen und bieten wunderbare Übungs-Plattformen zur Erprobung der neu gewonnenen Weisheiten und Erkenntnisse.

Mit diesem Hintergrundwissen kann z. B. eine Busfahrt oder eine banale Party zu einer Studienfläche der Extraklasse werden.

Beobachten Sie die Menschen mal beim Small-Talken! Da kann man viel erkennen und lernen! Manchmal auch, warum Dinge nicht so gut laufen…

Und weil die Kunst dieser kleinen Gespräche eben eine enorme Wirkung haben kann, sei ihr ein ganzes Kapitel gewidmet.

10

Von der Kunst kleiner Gespräche mit großer Wirkung

Machen Sie es sich doch einfach einmal zum Sport, die Inseln der Anderen zu erkennen und zu „kapern". Jeder gibt allein durch sein Auftreten Hinweise über Vorlieben, Charaktereigenschaften und Stimmungen. Wie wir schon an dem Beispiel der Reaktionen auf den winkenden Inselbewohner sehen konnten, ist natürlich die Interpretation und Beurteilung der jeweiligen Empfänger subjektiv unterschiedlich.

Mal von den Marsmenschen oder ähnlich fremdartigen Spezies abgesehen, senden und empfangen Menschen ihre ersten Signale über die Körpersprache. So können Sie erkennen, ob sich jemand „in seiner Haut wohl fühlt", „die Kragenweite passt" bzw. man sich „auf dem jeweiligen Parkett" gut bewegen kann.

Blitzschnell registrieren Sie Körperhaltung und Mimik, ob die Person korrekt oder lässig gekleidet ist, ob sie Ihnen offen in die Augen schauen und mit einem festen Händedruck begegnen kann, ob das Gegenüber Wohlwollen, Verkniffenheit, oder gar Berechnung ausstrahlt.

All das transportiert sich innerhalb der ersten Sekunden eines Zusammentreffens und ist maßgeblich verantwortlich für die Schublade, in die man gegebenenfalls einsortiert wird und aus der man leider sehr schwer wieder herauskommt.

Oftmals gibt es Situationen, in denen die Chance auf ein weiteres Treffen und die dementsprechende Korrektur ja auch gar nicht gegeben ist, wie z. B.
in Bewerbungssituationen. Zack, rein in die Lade und Affe tot! Da hilft dann auch kein Strampeln und Quengeln. Diese Chance ist dann verpatzt.

Jetzt heißt es analysieren, woran es gehapert hat und auf zu weiteren Bewerbungsufern. Wichtig ist natürlich, nicht gleich den Kopf in den Sand zu stecken und aufzugeben. An seinem Auftritt kann man Gott sei Dank feilen! Ich bin Auftrittscoach und weiß, wovon ich spreche. Ich sehe tagtäglich, dass man in kürzester Zeit mit ein bisschen Übung und dem Prozess des Bewusstmachens hervorragende Resultate bezüglich eines authentischen und selbstsicheren Auftritts erreichen kann!

Übrigens schützt auch das natürlich nicht vor dem Landen in Schubladen.
Nur werden die Schubladen mit Aufschriften

„ZU UNSICHER“ „IRGENDWIE
KOMISCH“ „ANGESPANNT“ „SAGT MIR NICHTS“

seltener aufgezogen, was ja schon mal ein enormer Gewinn ist.

Unterm Strich könnte man sagen, dass jeder Mensch allein durch seine Ausstrahlung inklusive Stimme, Wortwahl, Kleidung, eine Art lebendige Visitenkarte offenbart und somit einen Bruchteil seiner Insel offen vor sich herträgt.

Diese offensichtlichen Inselelemente gilt es nun als erstes mit etwas Geschick und Fingerspitzengefühl zu kapern! Je länger man jemanden kennt bzw. ihm Aufmerksamkeit schenkt, desto mehr Inselelemente werden sich unweigerlich zu erkennen geben.

Um ein möglichst harmonisches Miteinander zu fördern, könnte das Kapern z. B. einer offensichtlich ängstlichen Menscheninsel so aussehen, dass Sie nicht gerade mit Ihrem Imponiergehabe aufwarten, sondern Ihr Gegenüber eher mit Freundlichkeit und Sanftmut zum Auftauen bringen. Im Falle eines steif gekleideten Gegenübers können Sie aller Wahrscheinlichkeit nach mit formvollendeten Manieren eher den Modus der Zustimmung erhalten, als durch flapsige Verhaltensweisen.

„Das ist ja wie Buckeln! Und den anderen alles recht machen!“, werden einige jetzt angewidert ausrufen! „Außerdem passt das doch gar nicht mit all dem neu gewonnenen Selbstbewusstsein und der blitzblank polierten Selbstbestimmtheit zusammen!“

Da muss ich Ihnen entschieden widersprechen:
Oh, doch! Es passt zusammen. Es geht hier um Strategien der Leichtigkeit! Zu uns Menschen gehört nun mal die Kommunikation. Und oftmals macht uns genau dieses Aufeinandertreffen auf Mitmenschen mitsamt ihres kompletten Insel-Trosses, das ersehnte Vorhaben namens „Leichtigkeit“ zunichte.

Deshalb ist es einmal mehr von Vorteil, sich Strategien anzueignen, die wir dann nach Bedarf einsetzen können, um uns nicht länger willkürlich in das eine oder auch andere Bockshorn jagen zu lassen.

Zum anderen macht es Spaß, sich diese Übungsplattform des Beobachtens, Erkennens und Ausprobierens zum Sport zu machen.

Mal eine neue Sport-Idee: Inselkapern!

Ganz anders als Winston Churchill bin ich der Meinung, dass es das Wesen des Sports ist, uns enorm zu beflügeln!

Und wenn wir schon mal Flügel haben, dann nichts wie los! Denn was beschert uns mehr Leichtigkeit, als das Gefühl zu fliegen?

Und das Wesen von Strategien ist es, sie bewusst und gezielt einzusetzen. Und damit sind wir wieder bei unserer Selbstbestimmtheit!

Um geschickt und harmonisch kommunizieren zu können, gilt es also, als erstes unsere Mitmenschen bewusst wahrzunehmen und lesen zu lernen, um dann nicht nur unsere Wortwahl darauf einstellen zu können, sondern auch den Wegweiser für Handlungsmöglichkeiten zu erkennen.

Kurz um: Es geht um die Kunst, Menschen um den Finger wickeln zu können und so, ganz nebenbei, auch Aufmerksamkeit zu verschenken und noch das zu erreichen, was man anvisiert hat.

Also, eine Win-Win-Strategie und Leichtigkeit für alle!

Zwischenbemerkung:

Nachdem jetzt ja nun wirklich so gut wie alles mit den wichtigsten drei L`s

Lebenslust, Leidenschaft und Leichtigkeit

durchflutet sein müsste, steht Ihrem erfüllten Leben nichts mehr Wege.

Nun sollten Sie loslegen und vor Freude losglucksen.

Und das Ganze schön entspannt angehen! Denn Sie wissen doch: In der Ruhe liegt die Kraft. Und weil das ein so wichtiger und oftmals vernachlässigter Aspekt unseres Lebens ist, sei eben dieser Ruhe das nächste Kapitel gewidmet.

11

In der Ruhe Kraft sammeln

Eine Grundlage unseres Seins ist die Entspannung.

Unsere Computer brauchen Zeiten, im Stand-by-Modus. Wir müssen sie regelmäßig herunterfahren, damit sie nicht heiß laufen. Genauso braucht unser Körper und unser Geist Momente des Rastens. Allerdings nehmen wir es mit unseren menschlichen „Schonzeiten" oftmals weniger wichtig als mit der schonenden Behandlung unserer technischen Geräte. Die Menschen-Maschinen laufen und laufen und laufen…

Wir leben in einer Zeit, in der wir ständig „online" und erreichbar sind und ein Projekt das Nächste jagt. Und nebenher sind da noch die unzähligen „Mal-ebens". Die kleinen „Neben-hers". Die „Nur-noch-schnell-das–fertig-Macher". Und so geht's dahin. Wir merken oftmals erst, wenn wir beginnen über Schwindel, Kreislauf und Erschöpfungszuständen zu klagen, was wir da mit unserer „Maschine" machen. HALT! STOP! Jetzt sofort!

Wenn Sie sich in dieser Beschreibung auch nur andeutungsweise wiederfinden, dann halten Sie um Himmels Willen inne!

I N N E!

Und das ist es schon, das Geheimnis, was wir uns angewöhnen sollten, wenn wir nicht atemlos und ächzend, wie schlecht gewartete Maschinen in der

Ecke liegen wollen. Atemlos- aber leider ohne Helene Fischer... Denn so kraftlos und ausgepowert kann man dann selbst mit der reizenden Frau Fischer nichts mehr anfangen, geschweige denn Frau Fischer mit Ihnen!

Also: Einfach regelmäßig innehalten! Innehalten und den Genuss des Lebens in den Vordergrund stellen. Einfach mal wieder das pure Sein inhalieren und sich freuen mit allen Sinnen, die einem zur Verfügung stehen. Dinge bewusst tasten, riechen, sehen, lauschen, schmecken, wahrnehmen...

Holen Sie sich bewusst schöne Dinge in Ihre Umgebung, die Sie erfreuen und in Ihnen ein Wohlgefühl auslösen. Ganz im Gegenteil von so manchen Empfehlungen, seine Räumlichkeiten puristisch und spartanisch einzurichten, plädiere ich auf das Gestalten der Umgebung mit Dingen, die von der Farbgebung, der Form, der Symbolik oder auch des Duftes einen Anker zu guten Gefühlszuständen darstellen. So liebe ich z. B. Raumdüfte und verleihe jedem Raum, in dem ich arbeite, oder auch Coachings durchführe, einen von mir gewählten Duft.

Zum einen fühle ich mich dadurch auch in gemieteten oder fremden Räumen sofort zuhause und zum anderen bedeutet allein das Wahrnehmen des bekannten Duftes für meine Klienten ein sofortiges Einsteigen in eine vertraute Umgebung, was das Anknüpfen an die zuletzt erarbeitete Entwicklung viel leichter macht. Auch dem Setzen von Farbelementen und Lichtgebung sollten Sie Ihre Aufmerksamkeit schenken. Nichts kann Atmosphäre so sehr versauen, wie zu helles, kaltes Licht…Auch in Büros!

„Wieso, ich will da arbeiten und nicht knutschen!“, kommt`s von der Seite reingeraunzt.

Sehr richtig! Aber ein schön gestaltetes, gut ausgeleuchtetes Büro fördert zuerst einmal Ihr Wohlbefinden. Es arbeitet sich nicht nur netter, sondern es empfängt auch besser Kunden, Kollegen, sowie Ideen und Produktivität! Selbst wenn Sie die ersten zwei genannten Spezies nicht um sich herum haben wollen, aber Letztere sind für die Meisten ja wohl wünschenswert! Außerdem sollte jeder Ort, wo Sie sich häufig aufhalten, ob zu Hause oder am Arbeitsplatz, mit den besagten „netten“ Dingen garniert werden, die bei Ihnen ein positives Gefühl auslösen, indem Ihr Blick darauf fällt oder Ihre Nase den Duft streift.

Hirnforscher haben herausgefunden, dass bereits das Anschauen einer Postkarte mit z. B. einer Landschaftsaufnahme einen entspannenden Effekt erzielt. Wenn es doch so einfach ist, sollten wir keine Sekunde zögern und gleich mit dem Gestalten unserer Umgebung beginnen. Es ist möglich, mit ganz wenigen Mitteln Wohnlichkeit und Harmonie herzustellen. In den heimatlichen Gefilden nehmen Plaids und Decken jeder vorher ungemütlich wirkenden Einrichtung die Kälte, können Farbtupfer oder auch Farbharmonien erwirken und erfreuen zudem noch die Frostbeulen, die sich liebend gern gleich in Ebenselbige einwickeln können.

Die geschickte Anordnung von Lampen und Lichtpunkten, bewirkt oftmals eine Erweiterung des räumlichen Spielraums. Und wer weiß, vielleicht ergeben sich ja dadurch auch neue Spielraumpotentiale für Sie selbst? Räumen Sie auf, werfen Sie alles raus, was Sie eigentlich nicht wirklich brauchen und was Ihnen nicht zu dem gewünschten wohligen Gefühl verhilft und wählen Sie die Gegenstände um sich herum mit Bedacht bezüglich des gewünschten Effekts, den es auf Sie ausstrahlen soll. Wollen Sie beflügelt oder in einen Entspannungsmodus versetzt werden? Alles zu seiner Zeit und alles hat seine eigene Nische. Hauptsache, Sie nutzen auch in der Gestaltung Ihrer Umgebung das Wissen, dass Sie die Fäden in der Hand haben und sich allein durch ein bisschen Kreativität und Geschick in der Raumgestaltung der gewünschten Leichtigkeit des Seins mehr annähern können. Indem Sie Ihre Räume lieben. Und alles, was nicht mehr zu Ihnen passt, verschenken oder verkaufen und Platz schaffen für Dinge, die Ihren Genuss fördern.

Und genau da waren wir vor diesem
Kleinen Einrichtungs-Exkurs stehen geblieben:
Beim I N N E halten und genießen können! Von dort aus sollten Sie einen Rückblick auf das bereits Geleistete tätigen. Versetzen Sie sich selbst in einen Zustand des Stolzes und der Wertschätzung für Ihre eigene Person. Klopfen Sie sich auf die Schulter für das bereits Erreichte innerhalb Ihrer derzeitigen Arbeit, Ihres aktuellen Projekts. Es ist so ähnlich wie beim Schreiben Ihrer Kurzbiografie in Kapitel 5.

Lassen Sie sich Ihre bereits getanen Schritte mit Stolz geschwollener Brust im lächelnden (...) Munde zergehen (Warum Sie lächeln sollen, muss ich ja wohl nicht mehr erklären...) und schicken Sie sich selbst die wohlverdiente Anerkennung für Ihr bereits geleistetes „Werk". Je aufrichtiger Sie die vergangenen Schritte schätzen und würdigen können, desto mehr Expertengewissheit liegt nun in Ihren zukünftigen Schritten, denen Sie sich nun –
ABER ERST NACH AUSGIEBIGEM SCHWELGEN!
– wieder zuwenden können.
Selbstständige sollten noch klarere Breaks und Teilziele einplanen, wo das I N N E halten fest verankert und ritualisiert wird.
Bei selbstständig arbeitenden Menschen ist das SELBST und STÄNDIGE auf Dauer weder gesund noch beinhaltet es auf längere Sicht Momente des Genusses. Und weil gerade in Zeiten des Burnout-Booms für uns alle die Fähigkeit, sich entspannen zu können, immer wichtiger ist, möchte ich Ihnen nun verschiedene Tipps, Techniken und Übungen vorstellen, die für das ultimative Wellness-Feeling zwischendurch sorgen werden.

„Bringen Sie Ihren Körper und Ihre Seele zum Schwingen"

Tipps und praktische Übungen zur Entspannung und zur Seelenhygiene

Übung: Seien Sie doch einfach mal…

… Von Kopf bis Fuß auf „Tanken" eingestellt.

Eine ganz einfache Übung. Wenn Sie durch die Sonne gehen, stellen Sie sich einfach vor, wie diese sonnige Energie durch Ihren Scheitelpunkt- das ist der höchste Punkt auf Ihrem Kopf (ohne Haarspange und Lockentolle gerechnet) in Ihren Körper hineinscheint, sich dort ausbreitet und jede Zelle mit Energie und Power versorgt Wenn Sie genug aufgetankt haben, schicken Sie bitte gedanklich ein kleines Dankeschön fürs Tanken zur Sonne (wenn´s doch immer so günstig wäre…) und schon steht dem kraftvoll strotzenden „Popeye- Gefühl" nichts mehr im Wege!

Übung: Wenn Sie regelmäßig den gleichen Wege fahren oder gehen, nehmen Sie sich einen bestimmten Wegabschnitt als Erinnerungspunkt vor, an dem Sie sich einen von Ihnen gewünschten Gefühlszustand durch und durch ins Bewusstsein holen. Das kann Ihre KRAFT sein, die Sie spüren wollen. Es kann aber auch ein Gefühl von IN SICH RUHEN sein, oder das Gefühl Ihrer EINZIGARTIGKEIT…Alles das, was Sie halt gerade verstärken wollen. Koppeln Sie dieses gewünschte Gefühl an einen Wegabschnitt und spielen Sie diese Wegstrecke lang einfach mal, als wenn alles schon Wirklichkeit wäre… Spüren Sie es in

Ihren Füßen, wenn Sie sitzen sollten, in Ihrem Po. Lassen Sie das Gefühl mit jedem Atemzug mehr zu. Bis es beginnt zu kribbeln.
Es kribbelt und erweckt so immer stärker Ihr Gefühl von eigener Wertigkeit und Wichtigkeit …Es fühlt sich spannend und belebend an. Genuss pur!

Übung: Machen Sie es Ihrer Lebensfreude leicht und geben Sie der Sonne (wenn sie denn scheint) einfach einmal Ihre ungeteilte Aufmerksamkeit.
Wer weiß…vielleicht scheint Sie ja auch gerade NUR FÜR SIE…

Was für ein beidseitiges Energie-Geschenk, oder?!

Übung: Nehmen Sie von einem wunderbaren Ort in der Natur einen Gegenstand mit (nein, nicht die Strandmatte von Otto M. oder etwa die güldene Sandale seiner Anglerköder gelangweilten Frau…) Nein! Ich meine einen Stein, einen Ast, eine Muschel, ein Blatt, oder was auch sonst für Sie diesen Ort widerspiegelt.
Platzieren Sie diesen gefundenen „Schatz“ irgendwo, wo er Sie in kleinen Tagträumen wieder an diesen schönen Ort zurück katapultiert und tanken für einige Augenblicke wieder diese Glücks- oder Entspannungsgefühle auf, die diesem Orte eigen sind. Umso leichter geht anschließend das weitere Walten und Schalten von der sprichwörtlich beschriebenen Hand.

Übung: Kreieren Sie rein mental einen Garten um sich herum und stellen Sie sich vor, in der Mitte dieser von Ihnen wunderschön gestalteten Oase zu entspannen. Der Radius sowie die Bepflanzung und das Mobiliar Ihres Gartens bleiben ganz Ihnen überlassen.

Diesen Garten können Sie bei jeder sich bietenden Gelegenheit für einige Momente genießen und Sie werden merken, der Erholungseffekt ist erstaunlich!

Übung: Aktivieren Sie einfach mal sämtliche Meridiane, indem Sie Ihren Körper „wachklopfen" bzw. „wachreiben".

Beginnen Sie am Brustkorb, wandern Sie zu Ihrem Rumpf und den Bauch herunter. Wecken Sie Ihren Po und Ihre Oberschenkel. Sie werden merken, diese kleine, aus der Kinesiologie stammende Übung lässt Sie Vitalität fühlen und löst als genialer Nebeneffekt die Verklebungen Ihrer Sehnen und Faszien auf.

Ebenso aus dem Methodenkoffer der Kinesiologie sind die nächsten Übungen:

Übung: Malen Sie mit dem Daumen eine große liegende acht vor sich und folgen Sie dieser mit den Augen. (Kopf bleibt still und der Impuls der acht ist immer nach oben gehend!)

Übung: Ohren-Lang-Ziehen gefällig?

OH, BITTE JAAAAAA!

Denn diese Übung erhöht ungemein die Konzentrationsfähigkeit und ist eine Art Hygiene -Übung für Ihre Ohren und Augen. Regelmäßig angewandt, gilt sie als Prophylaxe für die Gesunderhaltung Ihres Seh- und Hörvermögens!

Also: Ran an die Ohren und von innen und außen kneten, ziehen, massieren und genießen!

TIPP:

Suchen Sie sich Auszeiten und Unternehmungen in Ihrem Alltag, auf die Sie sich freuen können. z. B.

- Biken oder Laufen allein oder mit Freunden;
- Gemeinsames Kochen oder Essen gehen;
- Gemeinsam Filme schauen und Kultur genießen
- Einen Tango- oder Salsa Kurs mit einer ganzen Truppe organisieren und tanzen, tanzen, tanzen…;
- Die guten alten Trimm-Dich-Pfade wiederentdecken.
- Außerdem sollten Sie immer wieder neue Wege ausprobieren. Vielleicht die Bahnlinie oder generell Transportmittel variieren.
- Den Speiseplan völlig auf den Kopf stellen.
- Eine andere Kneipe oder einem anderen Restaurant die Ehre erweisen.
- Diese Liste mit Ihren Einfällen weiter kreieren!

Hauptsache, Sie geben Ihrem Hirn immer wieder neue Pfade zum Entdecken auf, damit sich Ihr Hauptpfad nicht so austrampelt, dass er
(laut Vera Birkenbihl) „einer planierten Straße

gleicht", von der „aus reiner Bequemlichkeit" nicht abgewichen wird.

Warum wir das vermeiden sollten? Wo es doch so bequem ist, diese durch die Routine gepflasterte Hirn-Straße zu nehmen und ohne große Anstrengung, mit geringem Aufwand, scheint`s gefahrlos, vor uns hin spazieren zu können…

Falsch! Genau diese Komfortzone birgt die Gefahr der Abstumpfung bis hin zur Begünstigung einsetzender Demenz! Außerdem geben uns neue Wege wieder neue Impulse. Für unser Hirn und unsere Sinne, die plötzlich mit ganz anderen Eindrücken konfrontiert werden. Das hält wach, verändert die Perspektive und lässt hie und da sogar die eigene Umgebung, inklusive Bewohner, in neuem Glanz erscheinen.

Im All-Tag verfällt man schnell in den Trott des Hamsterrades. Seien Sie erfinderisch und bremsen Sie so Ihre wachsende Langeweile und Freudlosigkeit dem All-Tag gegenüber. Denn…machen wir uns nichts vor: Der sogenannte **All-Tag** ist eigentlich unser Leben! Er ist Tag für Tag ein Tag unseres Lebens. Und Tag für Tag unsere wertvolle Lebenszeit. Zeit, die wir genießen und nutzen sollten!

Auch in diesem Falle kann wieder ein Blick über den nun viel gerühmten Tellerrand sehr hilfreich sein. Kaum der Jugendzeit entwachsen, nutzen wir nämlich nicht nur einen vernichtend kleinen Teil des Potentials unserer sprachlichen Ausdrucksmöglichkeiten, sondern je älter wir werden, ebenso einen geringen Teil unserer Möglichkeiten, das Leben nach neuen Pfaden zu untersuchen. Kinder lassen sich viel mehr von ihrer Neugierde leiten und löchern alle und jeden mit Fragen und lassen nichts unversucht anzuzapfen, was ihren Wissensdurst stillen könnte. Seien Sie in diesem Sinne einfach mal wieder ein Kind. Ein Kind, das alte Höhlen erforscht und darin sämtliche Nischen und Winkel nach eventuellen Schätzen absucht. Sie werden sehen, viele Nischen sind noch nicht entdeckt und warten auf die Bergung des exklusiv für Sie bestimmten Kleinodes.

Und was Sie dann damit machen?

Tja, wie Sie wissen, haben Sie jetzt sowieso mindestens drei Möglichkeiten, was Sie mit dem geborgenen Gut anfangen wollen…

Lieben Sie es…

Verschenken Sie es…

Oder verändern Sie es so, dass Sie es zu IHREM machen.

In diesem Sinne wünsche ich Ihnen nun viel Spaß bei der Erfüllung Ihres ganz persönlichen Seins-Imperiums. Auf dass Leichtigkeit und Lebenslust die

Murmeltiere restlos verdrängen und Ihr All-Tag täglich aufs Neue spektakulär sei!

Dies wünsche ich Ihnen von ganzem Herzen!

Ihre Susanne Wilhelmina

Danksagung

An dieser Stelle möchte ich mich bei allen bedanken, die mit Rat, Tat oder auch Kontakten geholfen haben, dieses kleine Buchprojekt zur Vollendung zu befördern. Ich bin Euch allen von Herzen dankbar!
Bei Jana fürs erste „in Form bringen", Petra, Odila, Sabine, Elke, Tina, Conni und Frau Grigo fürs Probelesen, Anregen und Mut machen. Bei Lilli Adamek für diese entzückenden Zeichnungen und bei Jasmin Franik für das Kreieren des wahrlich magischen Buch-Covers!

Bei meiner wortneuschöpfenden Erzähl-Fee Tina, die das Lesen des Skripts nicht nur als wunderbaren Seelenbalsam beurteilte, sondern kurzentschlossen und gekonnt den Job des finalen Lektorats und Korrektorats übernahm!

Nun zu Dir mein Sohn! Lieber Jonas, echt stark war, dass Du mit Deiner technisch-digitalen Versiertheit die ein oder andere Datei gerettet, gesetzt und vor allem immer aufs Neue geduldig aktualisiert hast! 10000 Dank, mein Schatz! Es hat mich übrigens immer sehr stolz gemacht, wenn ich merkte, dass sogar Dir mein Buch gefällt!

Und natürlich gebührt ein dicker Kuss meinem Mann Jabo, der während meiner plötzlichen urlaublichen Schreibattacke, in der Zwischenzeit unfreiwillig, aber situationsergeben, seine Drachensteig-Kompetenzen intensivierte und sich dann Kapitel für Kapitel das tägliche Ergebnis anhören musste. Du hast es mit stoischer Geduld über dich ergehen lassen und Dein Lachen, Schmunzeln und Loben war für mich das beste Motivationsbarometer was man sich wünschen kann und ließ mich dranbleiben.

Als ich kurz vor der Vollendung dann nicht so recht wusste, wie ich die „Kuh aufs Eis“ kriegen sollte, wehte die wunderbare und erfahrene Autorin Valeska Réon in mein Leben und versorgte mich mit Tipps, Weisheiten und dem Kontakt zu Elke Georgi, die dann als helfender Engel alle Dateien an die richtige Adresse schickte, auf dass das Buch endlich in meinen und Ihren Händen liegen darf! Euch beiden Bücherengeln meinen herzlichen Dank!

Last but not least möchte ich mich bei meinem Vater bedanken, der nach dem Lesen des ersten Skripts nahezu zum Eselstreiber wurde und immer wieder drängelte, das Buch endlich in die Menschheit zu werfen. Auch wenn er mittlerweile verstorben ist, so war sein Urteil wichtig und eine Ansage für mich! So, und da ist es jetzt, lieber Papa: Mein erstes Buch!
Ich bin glücklich und habe schon Weitere im Kopf…

Literaturhinweise

Birkenbihl, Vera F.:

StoryPower – Welchen Einfluss Stories auf unser Denken und Leben haben mvg, *2001 ISBN 3-478-08891-7*

Birkenbihl, Vera F.:

Kommunikations-Training. Zwischenmenschliche Beziehungen erfolgreich gestalten. mvg-Verlag, Landsberg 2000

Rhonda Byrne:

The Magic ISBN 978-3-426-65718-8

Mirsakarim Norbekov :

Eselsweisheiten - Der Schlüssel zum Durchblick- oder wie Sie ihre Brille los werden

Goldmann-Verlag ISBN 978-3-442-21776-2

Gabriele und Klaus Birker:

Was ist NLP ? – Grundlagen und Begriffe des Neurolinguistischen

Programmierens rororo-Verlag ISBN 3-499-60199-0

Shakti Gawain:

Stell Dir vor – Kreativ Visualisieren rororo-Verlag ISBN 3-499-18093-6

Dr Wayn Dyer:

Der wunde Punkt- Die Kunst nicht unglücklich zu sein rororo-Verlag ISBN 978-3-499-17384-4

ISBN 978-3-7467-6696-6
9 783746 766966 00015
www.epubli.de